의료관광 영상제작론

본 과제(결과물)는 교육과학기술부의 재원으로 한국연구재단의 지원을 받아 수행된 광역경제권 선도산업 인재양성사업의 연구결과입니다.

의료관광 영상제작론

| 강명현 · 이황석 지음 |

小花

머리말

새로운 부가가치를 창출하는 영역으로서 의료관광 산업은 고령화 및 세계화 추세와 맞물리면서 점차 그 비중이 확대되고 있다. 2000년 들어 차세대 신성장 동력산업의 하나로 의료관광을 선정하여 지원하기 시작한 이래, 국내 의료관광 산업의 규모는 해마다 증가하여 지난 2009년에는 6만 명을 넘어선 것으로 알려졌다. 더 나아가 오는 2013년에는 20만 명을 상회할 것으로 예측되고 있는데 실제로 주중 한국대사관에 따르면 2011년 한해 중국인들의 의료관광 비자 발급건수가 전년 대비 약 380% 증가한 1천 73건으로 나타났다.

하지만 이러한 성장세와 잠재력에도 불구하고 의료관광 산업은 아직도 신생아 단계를 탈피하지 못하고 있는 게 현실이다. 의료관광 서비스에 대한 일반적인 인지도도 여전히 낮고 산업의 규모 역시 예상보다 더디게 성장하고 있다. 의료관광 산업이 주류 산업으로 성장하기 위해 무엇보다 필요한 사항은 효과적으로 마케팅 전략을 구축하는 일이라 할 수 있다. 즉, 의료관광의 내용에 대한 인식을 확산시키고, 잠재 고객들로 하여금 실지로 의료관광 서비스를 이용하도록 하기 위해서는 의료관광에 대한 마케팅이 보다 적극적으로 전개될 필요가 있다. 이 책은 그러한 목적의 일환으로 이루어졌다. 그동안 패션 마케팅, 이벤트 마케팅, 브랜드 마케팅 등 다양한 마케팅 방법이 개발, 이용되어 왔고, 마케팅의 수단 역시 인터뷰, 미팅, 입소문 등 그 종류를 헤아릴 수 없지만 최근 들어 그 효과 측면에서 가장 각광을 받고 있는 수단은 아마도 영상물을 활용하는 것이라 할 수 있다. 영상물은 인쇄매체와 달리 그림, 사진, 그래픽을 활용하여 역동적인 이미지를 구현할 수 있을뿐더러 청각 및 3D 등과 같은 다양한 감각을 두루 이용할 수 있어 다른 어떤 수단보다 마케팅 효과가 뛰어나기 때문이다. 그리하여 이 책의 궁극적인 목적은 의료관광 마케팅의 수단으로서 영상물의 가능성을 모색해 보는 데 있다. 이러한 목적에 바탕을 두고 영상제작에 관한 기본적인 제작과정과 실무적인 내용을 자세히 소개하고 이어 의료관광 마케팅 분야로의 응용을 시도하였다.

이 책은 크게 2부로 구성되어 있다. 먼저, 1부는 의료관광 영상제작에 대한 포괄적인 이해를 위해 1장에서는 의료관광 산업에서 영상 홍보가 왜 효과적인 마케팅 수단의 하나로 기능할 수 있는지를 언급하고, 영상 홍보의 개념과 종류, 영상 홍보 사례 등과 같은 제반 기초적 내용을 설명하였다. 2장에서는 영상 캠페인의 실행과정을 문제 규명단계, 기획과 전략개발 단계, 실행단계, 그리고 평가단계로 구분하고 각 단계에서 필요한 사항들을 소개하였다.

2부에서는 의료관광 서비스에 대한 영상제작의 실무적인 내용을 구체적으로 다루었다. 즉, 의료 관광 홍보물 제작을 위한 구체적인 영상제작 과정을 순서대로 설명하였는데 먼저 3장에서는 의료관광 영상물에 대한 기획과정에서 중요한 사항을 언급하였다. 4장에서는 촬영과정에서 필요한 준비물 및 카메라의 구조에 대해 설명하였다. 5장에서는 촬영에서 많이 사용되는 기본적인 용어를 설명하였고, 샷(shot)의 종류와 각 샷의 장단점, 그리고 촬영 시 유의할 점 등에 대해 언급하였다. 6장에서는 조명에 관한 내용으로 조명기구 및 조명과 관련된 다양한 용어를 소개하였으며, 마지막으로 7장에서는 편집장비와 편집방법에 대해 자세히 설명하였다.

그동안 영상 제작론에 관한 일반적인 책은 많이 출간되었지만 의료관광 분야에 접목시켜 영상제작 과정을 소개한 것은 이 책이 첫 시도가 아닐까 하는 의미부여를 해보지만 부족한 내용에 대한 아쉬움은 여전히 남는다. 이 책을 저술하는 과정에는 보이지 않게 많은 분들의 도움이 컸다. 누구보다도 이 책을 준비하는 동안 자료수집뿐 아니라 직접 필요한 사진을 촬영하고 편집하는 등 헌신적인 도움을 준 한림대 대학원 언론정보학과의 안연정에게 큰 고마움을 표한다. 또한 이 책이 나올 수 있도록 물심양면으로 도움을 준 한림대 의료관광 센터의 관계자 여러분과 소화 출판사에도 심심한 감사를 드린다.

2012년 1월

저자 강명현 · 이황석

차례

I. 의료관광 영상 제작의 기초적 이해

제1장 의료관광 영상홍보의 기초적 이해

1. 의료관광 영상홍보의 필요성

의료관광은 수술과 전문적인 치료를 원하는 환자들에게 관광산업을 결합하여 서비스를 제공하는 것으로 우리나라에서는 2009년 5월 1일 의료법 개정을 계기로 대한민국의 대표적인 관광 상품으로 의료관광을 선정한 바 있다. 최근 들어 의료관광이 주목을 받고 있는 이유는 고령화에 따라 진료비 비중이 늘어나고 한국의 우수한 의료진에 힘입어 해외고객이 증가하고 있기 때문이다. 여기에 자국 의료비 대비 한국의 의료수가가 저렴한 것도 중요한 이유로 등장했다. 의료사업과 관광사업을 접목시킨 새로운 산업 분야로서 의료관광 산업은 우리나라를 비롯하여 태국, 싱가포르 등지에서 적극 육성하고 있는 이른바 고부가 가치 산업으로 등장했다.

모든 서비스 산업이 그렇듯이 의료관광 서비스 분야에서도 마케팅의 중요성이 점차 중요해지고 있다. 마케팅의 주요 기능으로는 소비자의 욕구나 시장 상황을 정확히 파악하기 위함이고 구입 가능성이 있는 것을 상품화하기 위한 계획활동 그리고 광고 매체를 사용하여 소비자에게 정보를 전달하는 판매 촉진활동 등이다. 그리고 효과적인 마케팅을 위해서는 다양한 전략이 구사되지만 일반적으로 광고, 판매촉진, 인적 판매, 대중관계 및 홍보 등이 주로 사용된다. 먼저 광고는 대중매체를 이용하여 대가를 지불하고 서비스 조직과 서비스에 대해 알리는 형태로서 예컨대 신문이나 방송, 이 밖에 포스터 등의 매체를 구매하는 것을 말한다. 판매촉진은 단기간의 유인책 성격을 지닌 전술적인 촉진수단으로 견본품, 쿠폰, 환불, 사은품 등을 이용한 방법이 주로 사용된다. 인적 판매는 판매를 위해 판매자가 잠재 구매자와 직접 대면하여 구두로 서비스 내용을 제시하는 것으로 마케팅 관리자가 직접 고객과 판매를 성사시키는 것이다.

한편, 대중관계는 조직이 다양한 대중과의 건전한 관계를 형성하기 위해 호의적인 이미지를 구축하는 활동을 말한다. 마지막으로 홍보는 기업이 비용을 부담하지 않고 매체에 조직이나 서비스에 대한 뉴스거리를 게재함으로써 산업이나 해당 서비스를 촉진하는 일련의 활동을 의미하는데 이러한 홍보의 효율적인 수단 중의 하나가 바로 영상물을 통한 촉진활동일 것이다. 그리하여 새로운 산업으로 각광 받고 있는 의료관광 산업을 촉진하고 서비스를 활성화하기 위한 효과적인 마케팅 수단으로 영상 콘텐츠를 적극 활용하기 위해 이 책에서는 의료관광 영상홍보의 중요성과 개념을 먼저 살펴보고, 보다 구체적으로 의료관광 영상 콘텐츠의 제작과정을 자세히 소개하기로 한다.

2. 의료관광 영상홍보의 기초적 이해

1) 의료관광 영상홍보의 정의

의료관광 산업을 널리 알리고 더불어 해당 서비스 업체의 판매 촉진활동을 위한 홍보의 역할이 중요해지면서 홍보를 누가 더 효과적으로 하는가라는 문제가 산업의 활성화에 중요한 관건으로 작용하고 있다. 일반적으로 홍보라고 불리는 PR은 Public Relation의 약자로서 홍보의 주된 목적은 조직이 공중과 장기적으로 우호적인 관계를 형성, 유지, 발전시키기 위함으로 볼 수 있다. 그리하여 흔히 PR은 조직과 조직의 공중들 사이에 발생하는 모든 커뮤니케이션 활동을 말한다. 보다 구체적으로는 조직과 공중들 사이에 벌어지는 제반 활동에 대한 이해, 수용, 협동의 상호 연결선을 구축하고 유지하는 일, 조직에 발생하는 위기 쟁점을 관리하는 일, 경영진이 여론에 귀 기울이고, 반응할 수 있도록 하는 제반 활동 등이 홍보의 주된 영역에 포함된다. 최근에는 일반 사기업뿐만 아니라 정부, 학교, 병원 등과 같은 비영리조직들도 공중과의 호의적인 관계를 유지하기 위해 홍보의 중요성을 인식하고 있는 상황이다. 하지만 1980년대까지만 하더라도 의료와 관련된 기관들은 홍보활동에 적극적이지 못해 왔던 것이 사실이다. 즉 병원과 같은 조직이 일반 국민과 환자들을 대상으로 하는 홍보 및 마케팅 노력은 극히 보기 드물게 이루어져 왔다. 하지만 현재는 많은 병원들을 비롯하여 다양한 의료기관들이 홍보 프로그램에 대한 관심을 기울이고 있으며 그러한 방법의 하나로 영상 콘텐츠를 적극 활용하는 노력이 점차 나타나고 있다.

2) 홍보 캠페인의 수단

일반적으로 홍보 캠페인 담당자들이 주로 사용하는 홍보수단으로는 구어매체, 인쇄매체, 영상매체 그리고 기타 수단 등으로 구분되는데 점차 영상매체가 지니고 있는 특성으로 인해 그 중요성이 확대되고 있다. 주요 수단에 따른 특징을 살펴보면 다음과 같다.

먼저, 구어적 매체는 직접 커뮤니케이션 방법을 사용하는 것으로 인터뷰, 기자회견, 기자간담회, 공공 커뮤니케이션, 미팅, 입소문 등이 여기에 해당된다. 인쇄매체를 사용하는 홍보방법은 보도 자료나 보도 자료집을 주로 사용하고 여기에 간혹 미디어키트, 팩트 시트(fact sheet), 브로슈어, 사보, 연례보고서, 게시판, 뉴스레터 등을 부가적으로 사용하여 홍보하는 방법을 말한다. 영상매체를 이용한 홍보수단은 영상물 보도 자료나 방송출현 등의 방법이 있고 최근에는 직접 해당 홍보 대상을 겨냥한 홍보 비디오 등이 활발하게 제작되고 있다. 그 밖의 홍보수단으로는 공동 마케팅이나 공장견학, 미디어 투어, 사회공헌활동 후원과 더불어 문화예술활동 후원, 전시회, 스포츠 마케팅, 전문가칼럼, 콘테스트/경진대회/공모전, 홍보대사, 팬클럽/동호회 등 다양한 방법이 동원되고 있다.

3) 홍보영상물의 정의

최근 가장 중요한 홍보매체로서 각광을 받고 있는 홍보영상물은 매우 광범위한 뜻을 갖고 있으나 홍보를 목적으로 35mm 영화 필름을 이용하거나 비디오테이프 형태로 제작된 영상물을 통칭하는 개념이다. 즉 특정 조직이나 서비스는 공중들과 커뮤니케이션을 하기 위해 다양한 커뮤니케이션 수단을 이용하는데 그중 자체 제작한 영상물을 이용하는 형태를 홍보영상물이라 할 수 있다. 홍보영상물 역시 여타 영상매체와 마찬가지로 마케팅의 수단이나 혹은 로비수단으로 활용된다. 또한 의료관광 서비스와 같이 신제품을 고객에게 소개하거나, 조직에 관련된 사회적 이슈를 공중에게 이해시키기 위해 제작, 활용될 수 있다. 다음은 최근 의료관광 분야에서 홍보영상물을 활용하고 있는 사례이다.

[홍보영상을 통한 의료관광 홍보사례]

○○성형외과, 한국관광공사 선정한 의료관광 종합 홍보영상 촬영
성형업계 중 유일하게 ○○성형외과 뽑혀

○○성형외과가 한국관광공사에서 선정한 의료관광 종합 홍보영상 촬영 대상에 선정됐다.

지난 달 한국관광공사는 한국의 의료관광 종합 홍보영상을 제작하기 위해 종합병원과 대학병원, 한방, 웰니스, 피부과, 치과, 안과, 성형외과 등을 선정, 촬영을 시작했다. 여기에 ○○성형외과가 성형 부문 홍보영상 촬영 대상으로 뽑힌 것이다.

○○성형외과는 그동안 해외 의료관광 부문에서 확실한 인지도를 쌓으며 해외 환자를 적극 유치해 왔다. 또 안면윤곽 분야에서 세계적 권위를 인정받고 있는 대만 장궁병원과 중국 길림대병원, 미국 성형외과 교육재단 등 해외 여러 기관들과 활발히 교류하며 성형에 관한 전문적이고 특화된 의료기술을 구축하고 있다.

관광공사에서 제작하는 이번 홍보영상은 미주, 중국, 일본, 러시아, 아랍 등에 한국의 의료관광을 알리기 위한 목적이고 기존의 의료 다큐멘터리와 달리 참신한 구성 및 감각적 홍보영상으로 만들어진다.

아울러 이번 영상은 영어, 중국어, 일어, 러시아어 등으로 제작돼 한국 의료관광 해외 홍보 설명회 및 국제 대형 컨퍼런스, 팸투어, 해외 언론매체, 해외 유력 사이트 등에 소개된다.

○○성형외과 ○○ 대표 원장은 "그동안 전체 의료계가 의료관광 활성화를 위해 자구적인 노력을 해온 것에 비해 체계적인 시스템이 부족해 한계에 임박하고 있었다"며 "이번 영상 제작을 시작으로 한국의 해외 의료관광 활성화에 새로운 바람이 일 것이다"라고 말했다.

이어 ○○ 원장은 "한국 성형업계를 대표해 촬영하는 만큼 기쁜 마음으로 촬영에 임하기 위해 노력했다"고 덧붙였다.

한편 이번 홍보 촬영은 KBS 2TV 〈미녀들의 수다〉에 출연중인 몽골 유학생 졸자야(Turbat Zolzaya) 씨와 일본 유학생 '리나'가 함께했다.

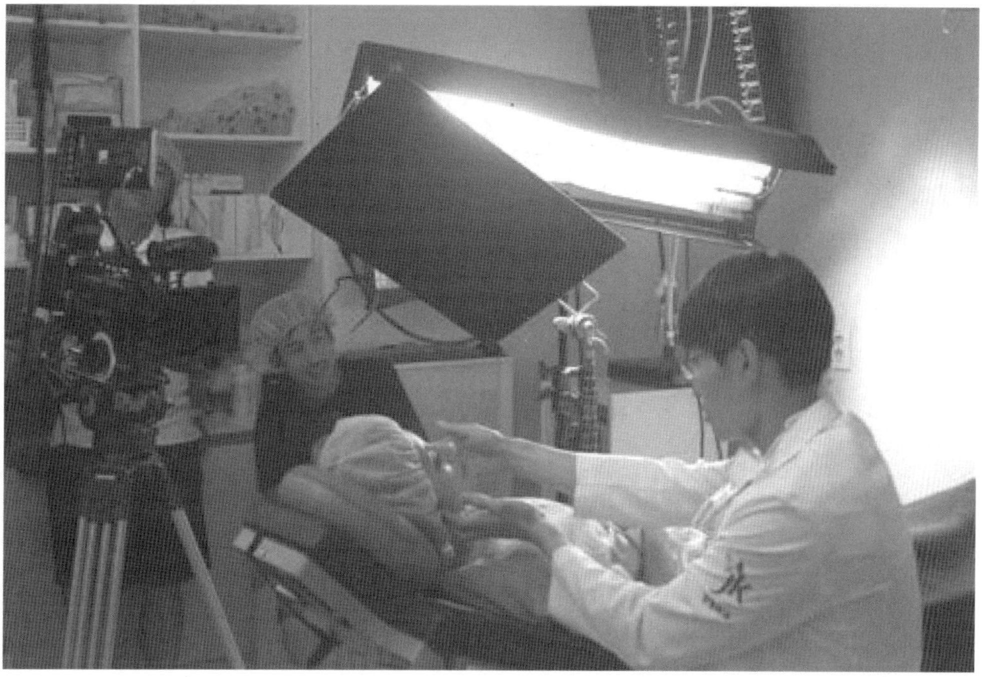

[그림 1-1] 의료관광 홍보영상 촬영현장

4) 홍보영상의 특성

그렇다면 홍보수단으로 영상매체가 점차 그 활용도가 높아지는 이유는 무엇인가? 이를 파악하기 위해서는 먼저 영상매체가 지니고 있는 고유의 특성을 이해할 필요가 있다.

영상매체란 카메라와 같은 기계를 통해 수집, 제작, 처리하여 생산된 메시지를 다시 전자적인 장치로 재생해 해석하는 커뮤니케이션 수단이며 대체적으로 사진, 영화, 텔레비전 등이 대표적이다. 커뮤니케이션 수단으로서 영상매체가 지니는 특징으로는 우선적으로 복합적 감각을 사용할 수 있다는 점을 들 수 있다. 즉 영상매체는 인쇄매체와 달리 그림, 사진, 그래픽 등 화상이나 도상에는 없는 이미지를 역동적으로 구현할 수 있다는 점을 특징으로 하며, 또한 시각 이외에도 청각 및 최근 3D와 같이 다양한 감각을 두루 활용할 수 있다는 특징을 지닌다.

또한 영상매체는 공간과 시간의 기억을 상호 결합시킨다는 특징을 가지고 있다. 영상은 순차적인 시간 구조가 아니라 주체에 의한 시공간을 창조하며, 이런 특징으로 인해 시간의 영속성이 사라지고, 분절화된 기억들을 재현시키게 된다.

마지막으로 영상매체는 인과적인 구조보다는 순간적이고 감각적인 판단력을 요구하게 하여 생산자의 기억에 의존케 하는 것보다는 수용자의 해석에 의존하는 특성을 지닌다. 이러한 점은 영상 텍스트에 대한 단순한 이해보다는 수용자로 하여금 영상 메시지의 다원성을 강조하고 수용자 스스로의 이해와 다양성을 요구하게 만든다.

영상매체가 지니는 이러한 특성은 홍보수단으로서 영상물의 활용 가능성을 극대화한다. 그리하여 현대의 홍보활동에서 영상매체물이 차지하는 비중은 점차 높아지고 있는데 이는 영상물이 주는 긴장감, 친근감, 1 대 1로 마주보는 일종의 체험감과 참가성 때문이다. 실제로 홍보영상매체의 유사성, 재현성, 모사성은 양적으로나 질적으로나 다른 전통적 매체의 추종을 불허한다. 즉 홍보수단으로 영상매체는 연출과 제작기법에 있어서 정적인 장면보다는 동적인 특성을 지니게 되어 역동적인 커뮤니케이션 메시지를 전달할 수 있고, 여기에 빠른 편집, 롱샷과 풀샷보다 바스트 샷이나 웨스트 샷, 클로즈업 등과 같은 부수적인 제작기법을 통해 수용자로 하여금 감정적인 반응을 유도할 수 있다는 장점을 지니게 된다. 이와 같은 특징을 바탕으로 홍보영상물은 여타 매체를 통한 홍보방식과 달리 개인의 직감적인 경험을 유도할 수 있고 인간의 감성과 감각을 자극할 수 있게 된다.

5) 홍보영상의 종류

(1) 목적에 의한 분류

① 기업/제품 홍보를 위한 영상

직접 기업이나 해당 서비스를 홍보하기 위해 제작되는 영상물로 기업이나 제품의 전반적인 소개에서부터 신제품의 기능, 조직에 관련된 사회적 이슈를 공중에게 이해시키고자 시행되는 영상물이다. 이는 의뢰주(client)가 공중과 커뮤니케이션하고자 하는 모든 내용을 영상 메시지로 제작하여 구현하게 된다(부록 참조).

② 영상 보도 자료

이는 홍보 담당자들이 조직 홍보를 극대화하기 위해 텔레비전 뉴스에 조직이나 제품의 노출을 극대화할 목적으로 만든 것이다. 보통 미리 제작된 홍보영상을 뉴스 매체에 제공하면 해당 매체에서는 제공된 영상을 재편집하여 보내게 된다.

③ 교육용 비디오

기업체 내부에서 서로 다른 장소나 지역에서 근무하는 직원들이나 신입사원들에게 회사의 목표를 이해시키고 독립된 업무를 이해시킬 목적으로 만들어진 영상물을 말한다. 예컨대 병원 조직 내부에서 구성원들 간의 커뮤니케이션을 증진시키기 위한 교육을 함에 있어 그 효과를 극대화하기 위해 영상물을 활용하게 된다.

④ 이벤트 영상

전시회나 이벤트 등에 활용할 목적으로 만들어진 영상물로 내레이션보다는 음악, 스토리보다는 감각적인 시각을 우선시하여 제작된다.

⑤ 경쟁 PT용 영상물

경쟁 상황에서 프레젠테이션을 보조하거나 그 효과를 극대화하기 위한 수단으로 제작된 영상물이다. 최근에는 지자체 등과 같은 조직의 홍보영상물은 거의 대부분 경쟁 PT를 진행하고 있는데 이를 효과적으로 전달하기 위해 영상물을 부가적인 매체로 활용하고 있다.

(2) 제작 형태에 따른 분류

또한 홍보영상물은 제작 형태에 따라 35mm나 16mm 영화필름 홍보물, 방송용 홍보물 그리고 6mm 제작 홍보물 등으로 구분되기도 한다.

① 35mm(또는 16mm) 영화필름 제작 홍보물

일반적인 영화 제작과 같은 방식으로 해상도가 뛰어나며 오래 보관해도 화질저하가 적다는 장점을 갖고 있으나, 제작 금액과 기간이 많이 들어간다는 단점이 있다. TV CM, 자동차, 패션 등 제품 홍보영화에 주로 이용된다.

② 베타캠 제작 홍보물

방송용 장비로 비디오 형식으로 되어 있어 촬영이 용이하고 보관이 쉬운 장점은 있으나 필름에 비해 해상도가 떨어진다. 현재는 베타캠보다는 깔끔한 화질을 갖는 디지털 베타가 주로 활용되고 있다. 각종 기업 홍보영상이나 방송 프로그램을 제작할 때 주로 사용된다.

③ 6mm DV 제작 홍보물

가정용 비디오로 많이 알려져 있으며 촬영이 편리하고 제작단가가 낮기 때문에 저예산 영상물이나 보조 촬영용으로 많이 쓰인다. 각종 이벤트 영상이나 경진대회기록용 영상 제작에 활용된다.

④ HD 제작 홍보물

디지털 고화질 방식으로 우수한 화질과 비용 면에서의 장점을 가지고 있으며 요즘은 방송 프로그램 제작이 점점 HD화되고 있는 추세이다. 6mm와 마찬가지로 기업홍보영상이나 방송 프로그램 영상 제작에 이용된다.

(3) 통제 가능성에 의한 분류

홍보영상물은 또한 외부 수용자에 의해 편집이나 수정이 가능한 형태와 그렇지 않은 형태로 구분될 수 있다.

① 통제 가능한 영상물

통제 가능한 영상물이란 영상물을 기획하고 제작한 제작자가 영상물의 메시지를 수정할 수 있는 것을 말하는데 이러한 영상물은 고도로 계획된 내용과 시기 조절이 가능하고 사전 테스트가 가능하다는 장점을 갖고 있다. 하지만 메시지에 대한 신뢰도가 낮으며 수신자가 특정 견해만을 반영한다고 생각할 수 있고, 시간과 경비가 많이 들 수 있다는 단점을 지닌다.

② 통제가 불가능한 영상물

통제가 불가능한 영상물은 발신자가 메시지에 대하여 통제가 가능하지 않은 영상물을 말하는데 이는 직접적으로 메시지를 전달하기보다는 여타 매체를 이용하기 때문에 발생한다. 가령 주로 방송 등과 같은 대중매체에 노출될 것을 목적으로 제작된 영상물은 홍보 담당자들이 메시지의 내용이나 형식을 만들어도 그 내용이나 형식이 홍보 담당자의 의도와 관계없이 변경될 수 있거나, 전혀 방송되지 않을 수 있다. 이는 기자나 방송사의 PD와 같은 게이트키퍼(gatekeeper)를 반드시 거쳐야 하기 때문이다. 통제가 불가능한 영상물의 장점은 객관성 확보가 가능하며 기자가 취재함으로써 홍보 담당자의 부담이 적을 수 있다는 점을 들 수 있다. 또한 대체적으로 시간과 비용이 적다는 장점이 있다. 반면, 단점으로는 원래 의도했던 메시지의 내용 왜곡 등과 같은 오류가 있을 수 있다. 또한 필요한 시기에 적절하게 게재할 수 없거나 전혀 게재되지 않을 수 있다는 점 그리고 사전 테스트를 할 수 없다는 점을 들 수 있다.

6) 홍보영상 제작의 기초적인 팁(tip)

홍보영상은 장기적이고 포괄적인 홍보 계획을 수행하기 위한 홍보 전략 중 하나이므로 잘 짜인 홍보 전략에 의해 영상이 제작되지 않는다면 성공적인 홍보영상이라 볼 수 없다. 홍보영상 제작은 일반적으로 의뢰주의 오리엔테이션으로 시작하여 기획회의, 제작회의, 구성안 제시, 시나리오 작업, PPM(Pre-production meeting), 촬영, 편집, 녹음, 시사의 순으로 진행되는데 성공적인 홍보영상 제작을 위해서는 일반적으로 다음과 같은 요소가 충족되어야 한다.

첫째는 메시지가 명확해야 한다는 것이다. 즉 홍보에 있어 가장 중요한 요소는 역시 해당 영상물이 말하고자 하는 메시지의 정확성이다. 서로 연관이 없는 영상을 복잡하게 얽히게 제시하기보다는 전체적으로 영상이 전달하는 메시지가 무엇인지를 정확하게 하는 전략이 무엇보다 중요하다.

둘째는 수신자가 이해 가능한 공통적인 메시지를 이용해야 한다는 것이다. 즉 홍보영상물은 언어, 자막, 색, 형태, 음향 등과 같은 다양한 형태의 소구를 사용하는데 그렇다 하더라도 모든 사람이 교감을 갖는 기호로 표현하여야 한다.

셋째는 메시지가 수신자의 필요나 욕구를 자극하는 것이 필요하다. 이는 홍보물의 목적이 단순한 메시지의 전달 기능에 그치지 않고 더 나아가 수용자의 필요와 욕구를 자극할 수 있는 적극적인 표현방법을 구사해야 한다는 것이다. 그럴 경우 또다른 홍보 메시지의 수요가 창출될 수 있다.

제2장 의료관광 영상캠페인의 실행과정

일반적으로 홍보는 마케팅이나 광고 처리와 같은 구체적인 캠페인의 형태로 수행되는데 대체적으로 문제 규명단계, 기획단계, 실행단계 그리고 평가의 단계와 같은 4가지 단계로 이루어진다. 각 단계에서 체크하여야 할 구체적인 항목들을 살펴보면 다음과 같다.

1. 실행과정

1) 문제 규명단계

이 단계는 현재 어떤 일들이 일어나고 있는가를 파악하고 상황을 분석하는 과정이다. 이 단계에서는 "지금 무슨 일이 일어나고 있는가?"에 대한 문제를 파악하는 것이 중요한데 이를 위해서는 "어떤 긍정적 혹은 부정적인 힘들이 작동하고 있는가?" 혹은 "누가 연루되고 영향을 받는가?" 그리고 "어떻게 연루되고 영향을 받는가?"와 같은 문제의식을 통해 조직이 처해진 상황을 정확히 파악하는 것이 중요하다. 즉 이 단계는 문제를 확인하는 단계로 이를 위해서는 조직체의 정책과 활동에 의해서 영향을 받거나 그 정책과 활동에 관심을 갖고 있는 공중의 지식, 의견, 태도, 행동을 조사하는 것이 요구된다. 의료관광 관련 영상 콘텐츠를 제작하기 위해서도 이 단계에서는 의뢰받은 의료조직이나 서비스가 처한 현재의 상황에 대해 앞에서 제기한 질문을 통해 조직의 장·단점을 정확히 파악하고, 더불어 공중이나 소비자의 의견이나 태도 등을 조사해야 한다. 그리하여 이러한 조사는 문제의 속성, 그 문제의 발생원인, 문제와 결부되거나 영향을 받은 공중들에 대한 객관적이고 체계적인 연구를 위한 과정, 즉 연구는 "지금 무슨 일이 일어나고 있나"를 판별하는 작업이라고 할 수 있다. 조사과정에서 반드시 체크해야 할 항목으로는 "문제의 근원은 무엇인가?" "문제는 어디에서 발생되었나?" "문제는 언제 발생되었나?" "누가 관여되었거나 영향을 받았나?" "그들은 어떻게 관여되었거나 영향을 받았나?" 그리고 "이 문제는 왜 조직과 그 공중에게 관심이 대상이 되었나?" 등이 있으며, 이와 같은 요인들을 조사과정에서 정확히 파악하여야 한다.

조사연구의 주요 방법으로는 반드시 과학적 서베이(survey)나 실험실 연구를 통해 얻은 통계 분석으로 이루어지는 것만이 아니라 비공식적인 조사방법도 문제파악을 위해 많이 사용되고 있다. 예를 들어 일반인들에게 구할 수 없는 정보를 아는 지인을 통해 전화를 걸어 필요한 정보를 구하는 비공식 조사도 필요한 경우 활용 가능하다. 또한 기업의 홍보 담당자가 신문을 보고 해당 기업과 관련된 기사를 스크랩한 자료 역시 상황파악을 위해 필요한 경우 활용될 수 있다. 서베이나 실험실 연구와 같은 체계적 조사방법이 일반적으로 많이 활용되고 있으나 이러한 방법이 적합하지 않거나 혹은 보충적인 자료로 추가적으로 활용할 때는 여기에 비공식 조사방법을 사용할 수 있다.

먼저, 체계적인 조사방법으로는 여러 가지가 있으나 홍보 실무자들이 가장 많이 활용하는 조사방법으로는 서베이가 대표적이다. 의문시 되는 문제를 파악하기 위해 서베이는 설문지를 이용하는 방법으로, 일반적으로 개인 조사, 우편에 의한 조사, 전화에 의한 조사, 웹과 우편을 통한 조사를 통해 이루어지며 최근에는 SNS(social network service)를 활용하기도 한다. 이 중 어느 방법을 선택할 것인지는 다양한 요인들, 예를 들어 서베이의 주제, 서베이 대상 인구, 인구의 지역적 위치, 설문의 길이와 복잡성, 연구에 드는 시간과 돈을 고려해서 적합한 방법을 선택하여야 한다.

이에 반해 비공식 조사방법으로 많이 활용되는 방법으로는 내용 분석방법(content analysis)이 있다. 내용 분석방법은 메시지 내용을 체계적으로 분석하는 작업으로서 보통 미디어에 노출된 기사를 수집하여 측정할 수 있다. 예컨대 해당 분석 대상의 조직에 대한 기사가 어느 언론에 보도되었는지, 그 기사의 위치는 어떠한지 또 헤드라인은 어떠한지, 보도의 빈도는 얼마인지와 같은 사항을 분석함으로써 분석 대상에 대한 문제점을 파악하는데 도움을 받을 수 있다. 또 다른 비공식 조사방법의 유형으로는 사례 연구를 들 수 있는

데, 사례 연구는 특정 사례가 왜, 그리고 어떻게 일어났는지를 구체적이고 완벽하게 이해할 수 있는 방법이다. 이러한 사례 연구를 이용하면 홍보 담당자는 특정 상황에 대한 여러 가지 문제점과 해결방안을 도출하는 데 도움을 받을 수 있다. 포커스 그룹(focus group) 방법도 비공식 조사방법으로 간혹 이용된다. 이는 다양한 쟁점과 전략을 알고자 하는 홍보 담당자에게 효과적인 방법으로 연구자는 문제파악을 위해 관련되는 소수의 사람들과의 인터뷰를 통해 짧은 시간에 그리고 저렴한 방법으로 해당 주제에 관하여 풍부하고 다양한 자료를 얻을 수 있다.

2) 기획과 전략개발단계

이 단계는 실행을 위한 실질적인 전략을 계획하는 단계로 이 단계에서는 1단계에서 수집한 정보를 토대로 조직체의 정책, 홍보의 목적 및 목표, 타깃 공중, 캠페인의 구체적인 전략 및 전술 등을 결정하게 된다. 주요 의제로는 홍보의 목표와 관련해서는 "홍보의 목적을 달성하기 위해서는 각 공중들에게 무엇을 성취해야 할 것인가"를 결정하여야 하고 목표 공중과 관련해서는 "누구에게 반드시 반응하고 도달해야 하며, 영향을 미쳐야 하는가?"를 면밀히 검토하여야 한다. 다시 말해서 이 단계에서는 (a) 문제, 우려 혹은 기회, (b) 상황 분석(외부, 내부) (c) 프로그램 목적 (d) 목표 공중 (e) 목표 (f) 행동전략 (g) 커뮤니케이션 전략 (h) 프로그램 실행 계획 (i) 평가 (j) 피드백과 프로그램 조정 등 PR의 전반적인 실행과정에 대한 면밀한 계획이 필요하다고 하겠다. 의료관광 홍보와 관련해서도 홍보를 위한 구체적인 대상이 누구인지 그리고 이러한 홍보를 집행한 후에 얻어야 하는 성과는 무엇인지를 면밀하게 파악하여야 한다.

3) 실행단계

상황에 대한 문제점 파악과 전략의 설계가 완료된 후에는 목표달성을 위해 기획된 행동과 커뮤니케이션을 실행하는 단계로 들어간다. 홍보 캠페인의 실행 계획을 작성하는 데는 갠트 차트(Gantt chart)와 퍼트 네트워크(Pert network) 등이 주로 이용되는데 갠트 차트는 프로그램의 실행과 완료를 시간 스케줄에 따라 보여 주는 실행 계획표이다. 갠트 차트를 만들기 위해서는 실행해야 할 프로그램의 리스트를 만들고, 실행 수선에 맞게 프로그램을 배열하고, 각각의 프로그램별로 실행기간을 표시하면 된다. 한편, 퍼트 네트워크는 실행할 프로그램들 간의 관계와 순서를 시간적으로 배열해 놓은 것으로 캠페인 전반에 대한 일정을 체계적으로 도표화해 놓은 것이다. 퍼트 네트워크를 활용하면 캠페인 프로젝트의 시작과 끝을 알 수 있다는 장점이 있다. 즉 어떤 과제가 지금 얼마나 수행되었는지를 파악할 수 있고, 또 어떤 과제는 수행되지 않아 문제가 발생하는지를 파악할 수 있고, 각각의 과정별로 인적, 물적 자원을 효율적으로 재분배할 수 있게 해준다.

한편, 구체적으로 실행과정에서 유의할 사항에 대해 큐트립 등은 다음과 같은 일곱 가지 요인들을 제시하고 있다.

(1) **신뢰성**(credibility): 커뮤니케이션의 출발은 메시지가 아니라 조직과 공중 간의 신뢰다. 이는 경험을 통해 축적되는 것이므로 항상 신뢰성을 염두에 두어야 한다.

(2) **상황**(context): 효과적인 커뮤니케이션의 분위기는 상황에 따라 바뀌게 되는데 특히 24시간을 기본 단위로 기능하는 뉴스 미디어의 의제에 주목해야 한다.

(3) **내용**(content): 메시지는 그 내용이 목표 공중의 가치관에 반해서는 안 되기 때문에 그 사람들이 처해 있는 상황을 고려하여 이 점을 제공하고 있는지를 유념하여야 한다.

(4) **명확성**(clarity): 단순한 메시지는 오해의 가능성을 줄이게 된다. 따라서 문제가 복잡할수록 단순하고 명확한 주제나 슬로건을 사용하여야 한다.

(5) **일관성**(consistency): 메시지의 일관성 있는 반복은 이해, 학습, 설득에 있어 핵심적인 요인이다.

(6) **매체**(channels): 서로 다른 매체는 서로 다른 효과를 수반한다. 따라서 현재 공중에게 가장 많이 접근할 수 있는 매체를 사용해야 한다.

(7) **청중의 역량**(capability): 커뮤니케이션은 메시지를 전달 받는 측의 노력이 가장 적게 들어갈 때 효과적이다. 따라서 공중의 습관이나 지식수준 등의 요소를 고려해야 한다.

4) 평가단계

평가단계는 홍보 프로그램을 평가하는 단계로서 프로그램의 준비, 계획, 실행, 결과를 평가하는 단계이다. 즉, 이 단계는 설정된 목표의 수행결과에 대한 측정단계로서 실무자들로 하여금 어떤 문제가 심각한 것으로 발전되기 전에 위험 신호를 포착하도록 도와주며 실무자들의 가치를 입증해 주며 실무자들에 대한 신뢰감을 갖도록 해준다는 점에서 중요한 단계이다. 평가는 별개의 단계로 취급되어서는 아니 된다. 즉 캠페인 과정 중 여러 단계인 기획단계, 중간점검단계, 결과에 대한 분석 등 어느 단계에서나 적용되는 과정으로 생각하는 것이 더 정확하고 유용하며 PR 프로그램의 모든 단계에 지속적으로 적용되어야 한다.

한편, 효율적인 평가를 위해서는 평가과정에서 반드시 체크해야 하는 문항을 염두에 두고 이를 체크하여야 한다.

- 프로그램은 적합하게 계획되었나?
- 메시지 수용자는 메시지를 이해했는가?
- 프로그램 전략은 어떻게 하면 더 효과적일 수 있었는가?
- 1차 및 2차 공중들 모두에게 메시지가 전달이 되었는가?
- 퍼블리시티는 계획한 대로 이루어졌는가?
- 예상치 않았던 어떤 상황이 프로그램의 시행에 영향을 미쳤나?
- 프로그램은 예산범위 내에서 수행이 되었나?
- 앞으로의 성공적 프로그램 수행을 위해서 취해야 할 조치는 어떤 것인가? 등이다.

의료관광 홍보에 있어서도 캠페인의 효과를 평가할 수 있는 가장 쉬운 방법은 기획과정에서의 목표가 얼마나 달성되었는지를 비교해 보는 것이다. 이 과정에서 목표 유형에 따라 효과 측정의 방법은 달리 적용될 수 있다. 일반적으로 홍보 캠페인을 평가하는 방법은 크게 네 가지의 방법이 있다. 첫째, 제작물을 측정하는 방법과 두 번째, 메시지를 측정하는 방법 세 번째, 태도변용을 측정하는 방법, 네 번째로 행위를 측정하는 방법이 그것이다.

(1) 제작물의 측정

이 평가방법은 단순히 보도 자료, 피처 스토리(feature story), 사진, 홍보영상 등이 얼마나 많이 작성 및 제작되었는지를 실적 위주로 세는 것이다. 하지만 홍보업무의 질보다 양이 강조될 수 있기 때문에 이러한 점을 주의하여야 한다. 또 다른 평가방법으로 홍보 담당자가 미디어에서 얻어내야 할 것을 사전에 구체화하는 것이다. 가령, 국내 주요 언론 매체에 해당 의료기관과 관련한 기사를 얼마 이상 게재하여야 한다는 것이 여기에 해당한다. 하지만 이 또한 미디어 게이트키퍼인 기자들이 존재하기 때문에 비현실적일 뿐 아니라 거의 불가능할 수 있다는 점을 유념하여야 한다.

(2) 메시지 측정

메시지의 측정방법은 크게 해당 메시지가 얼마나 노출되었나를 측정하는 노출 측정과 그러한 메시지가 얼마나 정확한지를 측정하는 정확성 측정방법으로 구분된다. 먼저, 메시지 노출 측정은 보도 측정의 가장 흔한 방법으로 프레스 클리핑(신문에서 오려낸 것)을 수집하는 것이다. 기업들 중에는 클리핑만을 전담하는 회사를 고용하여 그 기업에 관한 기사와 방송내용을 수집하게 하기도 한다. 이렇게 프레스 클리핑을 체계적으로 모으는 목적은 신문방송용 발표문, 배경설명용 킷, 사진, 영상 등이 미디어에서 사용되었는지의 여부를 알기 위함이다. 인터넷의 경우 홈페이지에 방문한 횟수가 메시지 노출 측정의 기초가 된다. 한편, 메시지의 정확성 측정은 메시지가 중요한 사항을 정확히 전달하고 있는지의 여부를 판별하는 것이다. 즉 노출된 메시지가 조직의 목표를 얼마나 잘 대변하는지를 측정하는 것이다. 어떤 조직의 목적이 판매고를 올리거나, 그 조직에 대한 시민들의 태도를 변용시키기 위한 것이라면 효율적 평가는 이러한 목표의 성취도를 바탕으로 측정되어야 한다. 메시지의 정확성을 판별하는 또 다른 방법으로는 수용자들의 지식수준을 파악하는 것이다. 이러한 측정의 목적은 이해도를 측정하는 것이지 수용자가 어떤 메시지나 계획에 동의 또는 동의하지 않느냐를 측정하기 위한 것이 아니다. 선다형 질문을 통해 수용자에게 단순히 조직의 구체적 개념과 이미지의 부합성을 물을 수 있고 또한 개방형 질문을 이용하여 어떤 특정 쟁점에 관하여 회사가 지니고 있는 입장을 사람들에게 물어서 파악할 수도 있다. 마지막으로 메시지의 수용 측정은 목표 수용자가 그 메시지를 수용했는지를 파악하는 것이다. 메시지 수용을 측정하기 위해 가장 흔히 쓰이는 기법은 리커트 척도(Likert Scale)로서 응답자로 하여금 질문지의 의견진술에 대한 동의의 정도를 응답하게 하도록 한다. 예컨대 특정 의료관광기관에 대한 메시지에 대한 수용자의 의식 측정은 다음과 같은 응답문항과 5점 척도를 통해 측정할 수 있다.

[질문]
○○병원은 환자의 건강과 사회공헌을 생각하는 기업이다. (　　　)
① 전혀 동의하지 않는다 ② 동의하지 않는다 ③ 중립 ④ 동의한다 ⑤ 매우 동의한다

(3) 태도변용 측정

태도변용 측정은 기본적으로 홍보 프로그램 실행 전과 후에 정보의 확산과 퍼블리시티가 수용자의 태도에 얼마만큼의 변화가 일어났는지를 밝혀내기 위해 실시된다. 태도변용을 측정하는 과정에서 여러 중개(仲介)변인의 개입이 있을 수 있으나 통계적 변량 분석을 통하여 홍보를 통한 태도변용이 일어났는지를 밝혀낼 수가 있다.

(4) 행위 측정

홍보 캠페인의 궁극적인 목적이 공중으로 하여금 행동의 변화를 주는 것임은 두말할 나위가 없다. 예를 들어 특정 병원을 홍보하는 언론의 퍼블리시티 그 자체보다는 해당 병원에 대한 공중의 인식을 좋게 하여 궁극적으로 병원을 찾도록 하는 것이 목적이다. 그렇기에 홍보 프로그램의 실행 전후의 환자의 수를 비교 평가함으로써 해당 홍보 프로그램에 대한 행동적 차원의 성과를 측정할 수 있을 것이다.

위에서 언급한 네 가지 단계는 홍보 캠페인에 있어 매우 중요하다. PR 주체가 만약 개방체계적 접근방법을 중시하는 조직체라면 평가단계에서 확인된 결과를 토대로 PR과정의 네 단계가 순환적으로 다시 계속되는 조사 → 기획 → 실행 → 평가 → 조사과정을 반복해야 할 것이다.

다시 말해 마지막 평가단계 이후에는 실행했던 프로그램의 결과를 평가할 뿐 아니라, 프로그램의 준비와 실행과정에서의 효율성도 평가하게 된다. 프로그램이 어떻게 진행되었고 혹은 어떻게 진행되고 있는지에 관한 피드백을 토대로 프로그램이 끝난 뒤나 실행되고 있

는 동안에 프로그램을 조정하게 된다. 평가를 통해 "홍보활동을 어떻게 하고 있는가? 혹은 PR활동을 어떻게 했는가?"를 확인하게 되면 해당 홍보 프로그램을 계속할 수도 있고 중단할 수도 있다.

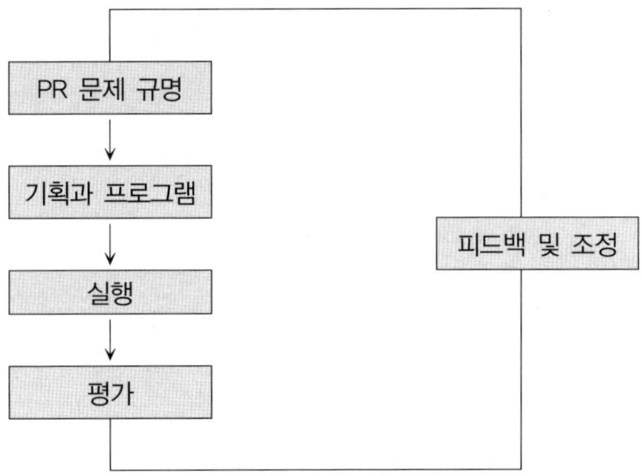

[그림 2-1] 홍보 캠페인의 수행과정

2. 단계별 구성요인

홍보 캠페인을 설정한 후 홍보 담당자들은 이 목표의 달성을 위해 전략(strategies)과 전술(tactics)을 개발하는 것이 중요하다. 홍보과정에 있어 먼저 전략이 구축되어야 하는데 전략이란 주어진 홍보의 목표를 달성하기 위한 홍보 캠페인의 전체적인 개념 및 접근방법을 의미한다. 이러한 전략을 기초로 이후에는 이를 수행하기 위한 전술이 마련되어야 한다. 즉 전술이란 그 전략을 달성하기 위한 구체적이고 직접적인 실행단계를 말하는데 이는 공중에게 무엇을 말할 것인가에 대한 메시지 전략과 그 메시지를 어떻게 효과적으로 전달할 것인가에 대한 매체전략 등이 해당된다. 각 단계별로 수행하여야 할 구체적인 체크 리스트를 제시하면 다음 〈표 2-1〉과 같다.

〈표 2-1〉 각 단계별 체크 리스트들

단계	체크 리스트
상황 분석단계	- 의료관광 캠페인의 목표 설정 - 주요 의료관광 이슈에 대한 분석 - 이슈 관련 상황 분석 - 공식적 조사(의료관광 이슈 관련 공중 조사) - 예산 관리
기획 및 개발단계	- 목표 공중의 선정 - 콘셉트 개발 - 사전 메시지 조사 - 핵심 메시지 확정 - 효과적인 커뮤니케이션 채널 전략
수행단계	- 프로그램 실행 - 메시지 노출 및 프로그램 모니터링 - 프로그램 점검 및 수정
평가 및 보완단계	- 전체적인 캠페인 프로그램 평가 - 수정요소 검토 및 수정된 캠페인 기획에 반영

II. 의료관광 영상의 제작 실무

제3장 의료관광 영상의 제작과정

의료관광 홍보영상 기획이란 사전적인 의미로 어떤 대상에 대해 그 대상이 가져야 하는 목적을 정하고, 그 목적에 맞게 계획을 세우는 것을 말한다. 기획이라는 큰 틀 속에 세부적인 계획이 세워지는 것이다. 홍보영상 기획 또한 이런 기획의 의미와 크게 다르지 않다. 홍보영상 기획 역시 영상을 제작하기 전에 누구에게 무엇을, 언제, 어디에서, 어떻게, 얼마만큼의 예산으로 제작할지를 결정하는 것이라 할 수 있다. 의료관광 영상에 대한 기획과정을 각 단계별로 살펴보기로 한다.

1. 영상 기획안 작성

1) 홍보영상 기획안 작성

기획안에서는 지금 홍보할 대상의 현황 분석과 문제점, 실현할 수 있는 방법과 전략 그리고 이 홍보영상 활용 계획 사항들이 구성되어야 한다. 기획안을 작성하기 전 검토해야 할 사항은 다음과 같다.

(1) 기획안을 작성하기 전 홍보할 대상의 현황 분석이 먼저 이루어져야 한다. 현재의 시

장과, 소비자, 의료관광 상품 분석, 커뮤니케이션 분석, 의료관광기업 분석, 사회 전반의 환경 분석 등이 이루어져야 한다.

(2) 의료관광 홍보를 의뢰한 기업과 마케팅할 요소가 홍보활동을 전개하는 데 어떠한 문제점과 어떤 기회요소를 갖고 있는지 분석해야 한다. 이런 분석을 함에 있어 객관적인 사실과 사회의 전반적인 분위기, 다른 나라의 의료관광 상황이나 의뢰기업 이외의 여타 의료관광사업을 하는 경쟁기업, 그리고 비교 우위 등에 대한 정확한 이해가 있어야 한다.

(3) 또한 전체적 기본 전략을 위한 포지셔닝, 타깃, 콘셉트, 지역, 계절 등과 같은 여러 가지 사항들도 검토되어야 한다.

(4) 완성된 홍보영상물을 실제로 어떤 매체에 어느 장소에서 어느 규모로, 언제, 또 얼마나 활용되는지도 검토되어야 한다.

2) 의료관광 홍보영상 기획안 작성법

영상 제작을 위한 기획안은 비주얼적이며, 다양한 사람이 이해하기 쉽게 간결하고 쉽게 작성하여 기획안의 내용이 잘 전달될 수 있도록 해야 한다. 먼저 전체적인 내용이 집약적으로 표현되게 내용에 맞는 타이틀을 만들어 작성한다. 여러 부서가 걸쳐 보거나, 외부인사가 참고하는 경우도 있어 기획안의 내용은 쉽고 간결한 것이 바람직하다. 이때 기획안도 연출이 필요한데, 기획안은 보는 사람을 생각하여 읽기 쉽도록 문장을 간결하게 쓰는 것도 중요하지만 숫자와 도표를 이용하여 시각적으로 표현하는 것도 중요하다. 전문적인 용어는 기획안은 보는 비전문가도 이해할 수 있도록 해설을 넣어주는 것이 좋다. 또한 전체적으로 기획안을 작성 후 불필요한 문구나 이중적인 표현은 없는지 다시 한 번 체크해 보는 것이 좋다. 기획안에 들어가는 기본적 구성요소는 다음과 같다.

(1) 제목(타이틀)

첫 장에는 영상 제목(타이틀)과 의뢰주의 기업명, 자신의 회사명을 쓴다. 제목은 표지 중

앙에 쓰는 것이 일반적이며 의뢰주의 기업명을 빠뜨리지 않고 쓰는 것이 좋다. 아래의 예제들은 한림대 의료관광 산업단이 강원도에서 이루어지는 의료관광 홍보영상 제작에 기획서를 제출하였을 때의 상황을 가상으로 제작한 것이다.

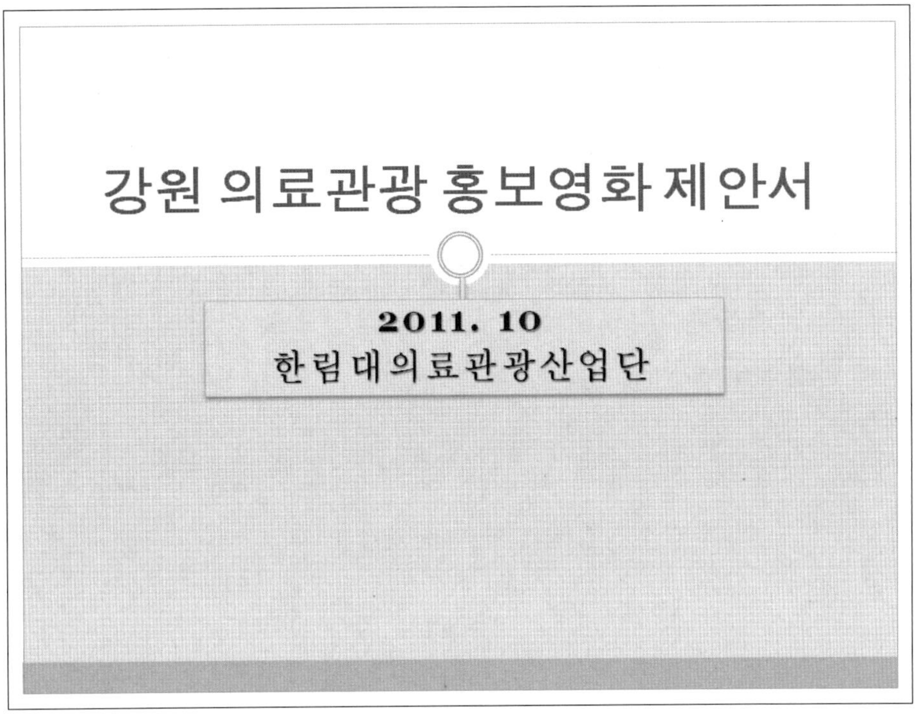

[그림 3-1] 타이틀 예제

(2) 제안배경과 목적 그리고 의도

첫 장에 타이틀 다음으로 이 영상의 기획이 왜 필요한지, 이런 기획이 이루어지게 된 배경이 무엇인지, 어떤 취지와 목적인지, 그리고 이 기획을 했을 경우 얻게 되는 효과 등을 제시하는 것이 바람직하다.

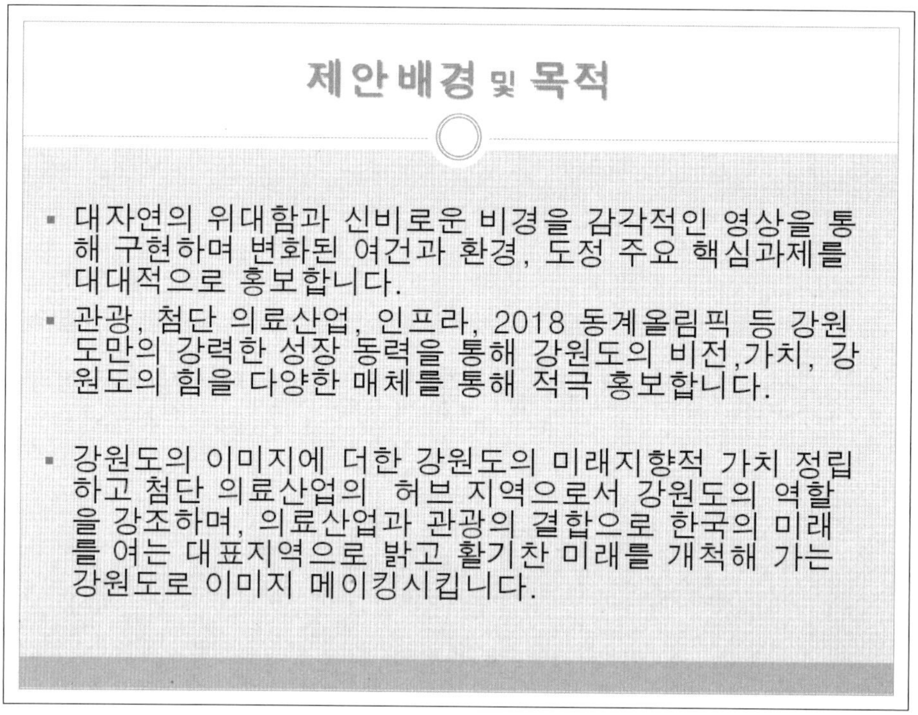

[그림 3-2] 기획안 예제 ①

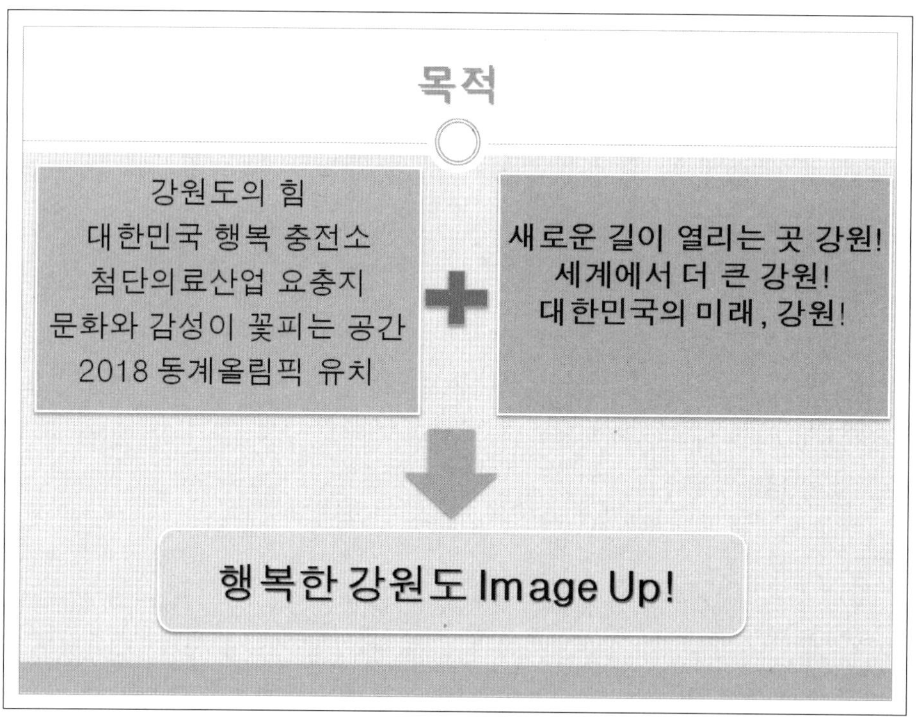

[그림 3-3] 기획안 예제 ②

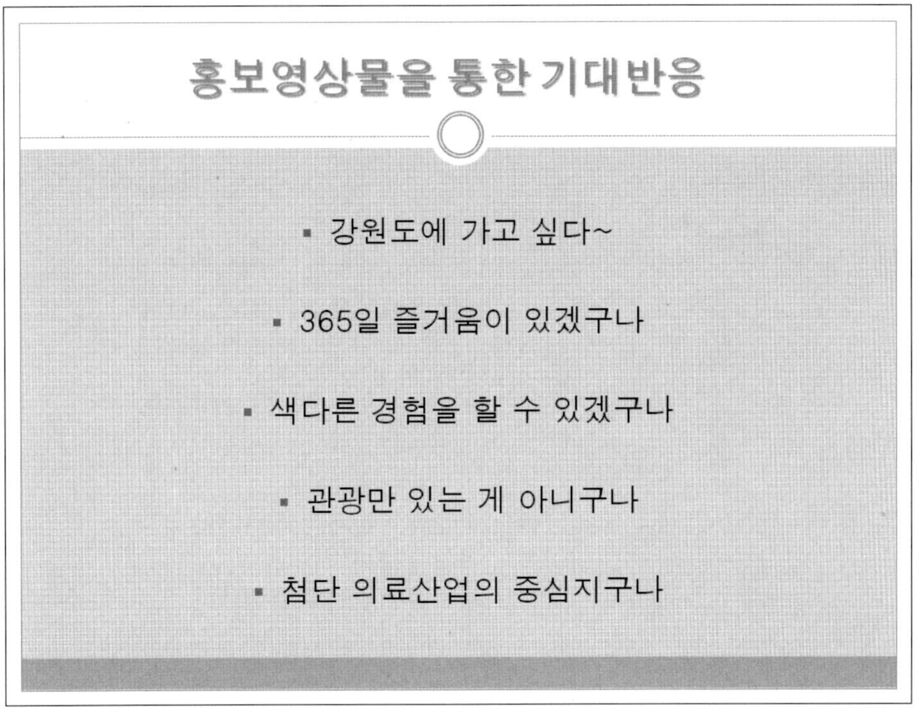

[그림 3-4] 기획안 예제 ③

(3) 구성안(연출, 방법 등)

배경과 목적, 기대 반응을 설명한 후 기획안에는 영상의 전체적인 내용이 개략적으로 설명되어야 한다. 이 영상은 어떤 표현방법과 제작방법으로 만들어질 것인지 설명하는 것이다. 전체적인 구성안을 간략하게 보여 주고 시나리오나 이미지를 이용하여 설명하는데, 이미지를 이용하는 것이 더 쉽고 이해를 빠르게 도와주므로 이미지를 곁들여 설명하는 경우가 많다.

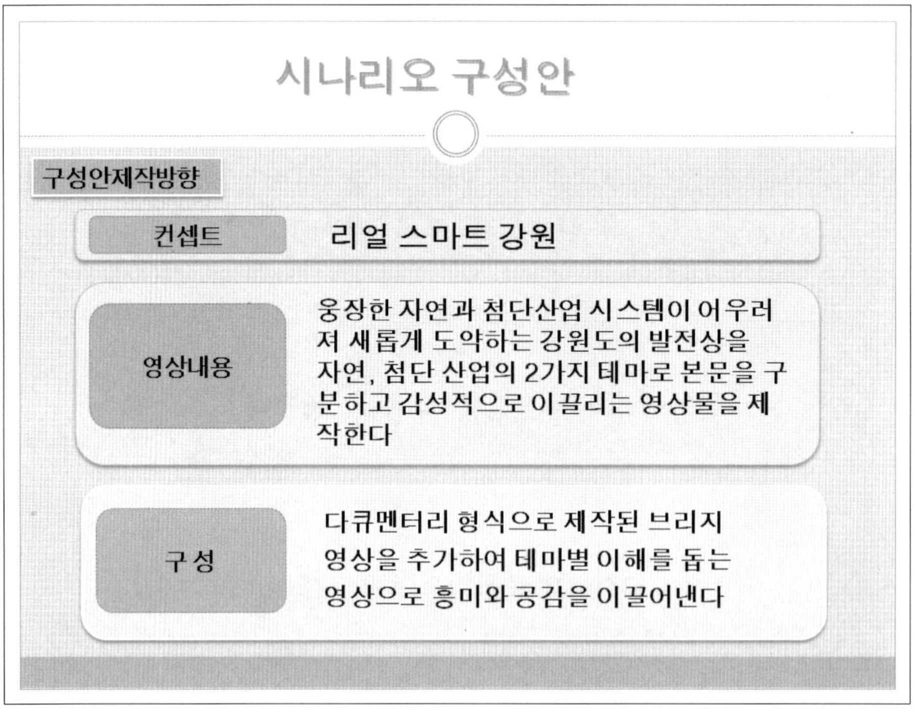

[그림 3-5] 구성안 작성법 예제 ①

구분	시간	주제	내용
프롤로그	30"	살아숨쉬는 자연이 있는 강원도	웅장한 자연, 그 속에 신명나는 사람들 (각지에서 일하는, 관광하는 레저하는) 그들의 손에서 만들어지는 다양한 문화와 산업의 단면을 디졸브하여 표현한다.
본문	20"	브리지1	다큐-자연생태 연구가 시각으로 본 DMZ(스마트폰 촬영)
	2'30"	세상을 품은 강원도	위 브리지 인물의 멘트로 본문2가 시작됨, 동해, 백두대간, 강 등 이미지
	20"	브리지2	다큐-외국인 관광객의 시각으로 본 강원도의 문화 (스마트폰 촬영)
	2'30"	삶이 조화로운 강원도	역사와 전통, 다양한 문화 인프라, 관광, 레저 등 체험할 수 있는 동아시아 문화의 허브
	20"	브리지3	다큐-도 산업 관련 공무원(스마트폰 촬영, 스마트폰을 활용하여 강원도 소재 기업인들 정보공유 및 소통하는 모습)
	2'30"	세계로 향하는 강원도	교통망(고속화, 첨단화, 광역화) 거점 별 특성화 개발(첨단지식, 신재생)교육복지, 동계 스포츠의 메카
에필로그	30"	리얼 스마트 강원도	강원도의 모습이 소셜 네트워크로 통해 감성까지 전달되고 다양한 장소의 사람들의 희망찬 모습을 입체적인 컴퓨터 그래픽 합성을 통해 완성된 강원도의 모습을 표현한다

[그림 3-6] 구성안 작성법 예제 ②

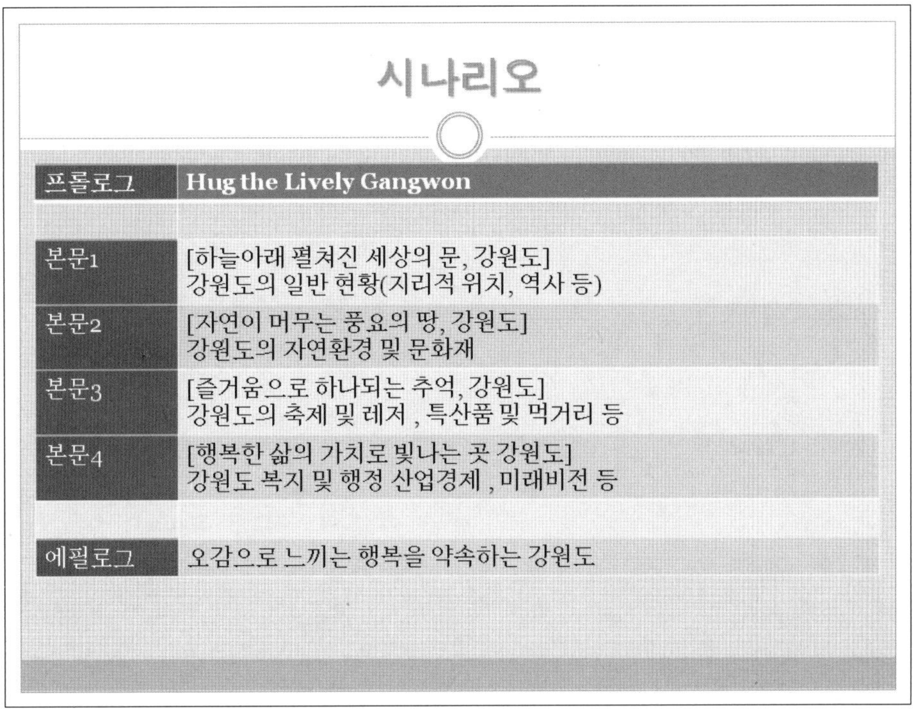

[그림 3-7] 구성안 작성법 예제 ③

[그림 3-8] 구성안 작성법 예제 ④

VIDEO		NARRATION
타이틀) 더 큰 대한민국의 내일이 시작되는 곳! Play 강원	사진	더 큰 대한민국의 내일이 시작되는 곳, Play 강원!
# 플레이 버튼을 누르면 아이폰 안에 있던 지구본으로 카메라 들어가면 강원도의 지리적 위치가 보인다. 이어서 교통, 거점별 전략산업 등 강원도의 비즈니스 카테고리들이 소개된다		땅으로 하늘로 바다로 환동해권 물류허브로 떠오르는 강원도, 고속화, 첨단화, 광역화 교통망으로 더욱 가까워진 강원도는 춘천 생물의약 바이오, 원주 의료기기, 강릉 신소재, 해양바이오 등 첨단 지식 산업의 기반을 다지고 동아시아관광포럼 등 국제 사회와의 교류 협력을 통해 강원의 위상과 역할이 점점 높아지고 있습니다.

[그림 3-9] 구성안 작성법 예제 ⑤

(4) 타임 스케줄

모든 구성안을 설명한 후 어떤 계획으로 만들지 설명해 준다. 모든 홍보에서는 중요한 것이 바로 시간이기 때문이다. 홍보라는 것이 적절한 시기에 최대의 효과를 거둘 수 있는 것이기 때문에 이런 일정이 의뢰인에게도 중요한 것이다. 홍보영상의 스케줄은 최종 납품 시점을 기준으로 역산해서 계획하기 마련인데, 보통 50일 정도로 잡고 최종 시사까지 약 2달 정도를 평균 제작기일로 계획하게 된다. 그러나 이것은 평균적인 것이고, 기획안의 결재과정이나 콘티의 내용에 따라 얼마든지 제작기간은 달라질 수 있다. 기획안에서는 제작 스케줄을 간단하게 보여 주지만, 제작 전에는 작업의 특성을 고려해 최소한의 시간 내에 작업을 마칠 수 있도록 각 파트별 작업 스케줄 및 날씨 사항을 고려한 촬영 스케줄, 장비의 사용을 효율적으로 분배하여 제작비의 손실을 줄일 수 있게 만든 스케줄, 각 스태프들의 스케줄, 편집 및 녹음 스케줄, 의뢰주 결재기간 등을 일목요연하게 하나로 정리하는 것이 좋다. 제작업체 또한 홍보영상의 제작의 순서에 따라 추진 일정표를 만들고 그 계획에 정확하게 시간에 맞추는 것도 중요하다.

일정

일정	2011.05	2011.06~10	2011.12	2011.01
기획	자료정리			
	시나리오 기획 컨펌			
제작		헌팅		
		촬영		
		CG제작		
편집			편집/합성	
녹음			더빙/믹싱	
시사				시사
				수정보안
생산물납품				납품

[그림 3-10] 제작 일정 예제

(5) 예산

홍보영상물의 제작을 위해서는 예산이 중요한데, 필요한 인력들과 구성안의 내용 등을 고려하여 적정 예산을 제시하여야 한다.

2. 프레젠테이션(Presentation)

기획안이 작성되면 프레젠테이션을 하게 된다. 프레젠테이션은 듣는 이에게 정보, 기획, 안건을 제시하고 설명하는 행위를 이르는 말로 줄여서 PT라고 흔히 말한다.

홍보영상의 제작과정에서 프레젠테이션이란 제작할 홍보영상의 기획안을 홍보영상을 의뢰한 의뢰주에게 어떻게 만들겠다고 계획안을 설명하는 것으로, 이 프레젠테이션의 성과 여부에 따라 영상 제작이 승인되기도 하고, 홍보영상 제작의 윤곽이 결정되기 때문에 중요한 과정으로 인식된다. 홍보영상의 경우 한 업체에 의뢰되기도 하지만 여러 업체에 모아

경쟁 프레젠테이션을 시키는 경우가 많아 단순한 발표가 아니라 프레젠테이션의 기법과 수준이 높아지고 있으며, 많은 노력을 들이고 있다. 일반적으로 성공적인 프레젠테이션을 하기 위해서는 다음과 같은 요인들을 염두에 두어야 한다.

1) 상대방을 파악할 것

프레젠테이션에서 의뢰자가 무엇을 원하고, 무엇을 알고 싶어 하는지를 파악하고 설명하는 것이 가장 중요하다. 이를 위해서는 사전에 의뢰주의 회사에 관련된 사항을 조사해 보아야 하며, 사전에 찾아가 이야기를 통해 의뢰주가 원하는 영상의 방향을 미리 파악해 보는 것도 좋다.

2) 프레젠테이션은 간단하게 표현할 것

프레젠테이션의 기본 기법 중 하나가 간단하고 단순하게 프레젠테이션을 만들어 가는 것이다. 문장은 간결하며 한눈에 읽기 쉽게 작성하며, 문장의 조사, 서술형 어미, 수식어, 접속사를 제외하는 것이 좋다. 문장이 서술형보다는 간결할수록 메시지 전달력이 높아지기 때문이다. 문장은 간결하되 구체적으로 작성하여 한눈에 들어올 수 있도록 한다. 또한 구성은 단순해야 하는데 프레젠테이션의 전체 구성과 슬라이드 내용과 구도가 단순해야 한다. 또한 화려한 애니메이션 기능이나 화려한 디자인 기능은 집중도를 떨어뜨리게 되므로 단순화하여 작성하는 것이 바람직하다.

3) 시간활용을 잘 할 것

홍보영상에서 초반의 프롤로그에서 얼마나 흥미를 끌 것인가가 중요한데, 프레젠테이션 또한 초반의 5분에 프레젠테이션의 승패가 좌우된다고 한다. 초반에 말하고자 하는 것을 먼저 압축하여 보여 주며 흥미 있게 하는 것이 중요하다. 또한 프레젠테이션의 시간이 초과되지 않도록 적절히 시간을 배분하고 미리 연습해 보는 것이 좋다.

4) 발표자의 태도와 어조

프레젠테이션에서 중요한 것은 설명에 임할 때의 발표자의 태도와 어조이다. 흥분하거나 침체되지 않고 분명한 목소리로 말해야 한다. 안은 하나씩 보여 주며 설명하는 것이 좋고, 시나리오나 카피를 읽을 때는 연기를 하는 것이 바람직하다. 상대방으로부터 어떤 질문을 받을지 미리 문답을 준비하는 것이 좋으며, 질문에는 결론부터 말하고 이유와 근거를 구체적으로 대답하는 것이 좋다고 한다.

> 프레젠테이션 하면 스티브 잡스가 많이 거론되는데 그의 프레젠테이션 기법이 분석되고 있다. 참고로 스티브 잡스의 프레젠테이션 기법을 제시하면 다음과 같다.
>
> 1. 무엇을 발표할 것인지 주제를 분명히 하라
> 2. 제품에 대한 발표자의 열정을 드러내라
> 3. 전체적인 윤곽을 스케치하라
> 4. 시장규모, 판매량 등은 검증된 수치를 사용하라
> 5. 청중이 잊지 못할 순간을 만들라
> 6. 자료는 시각적으로 만들라
> 7. 멀티미디어를 활용해 쇼를 제공하라
> 8. 작은 실수에 절대 당황하지 말라
> 9. 제품의 장점을 확실히 홍보하라
> 10. 연습하고 연습하고, 또 연습하라

3. 타깃 설정

효율적인 홍보영상을 만들려면 정확한 타깃을 정해야 한다. 타깃을 이야기하기 위해선 공중에 대한 설명이 필요한데, 일반적으로 공중은 홍보를 하고자 하는 주체, 즉 의뢰인(client)과 직접 혹은 간접의 업무상 이해관계를 맺고 있는 대상을 총체적으로 대상 공중이라고 한다. 이러한 대상 공중은 일반 공중과 특수 공중으로 나뉠 수 있다. 먼저, 일반 공중이란, 막연히 대중이라 불리는 불특정 다수의 인간군을 의미하고, 특수 공중은 조직의 업무와 직접적 이해관계를 갖는 개별적 특성을 가진 인간군을 의미한다. 특수 공중은 다시 내부 공중과 외부 공중으로 나뉠 수 있다. 여기서 내부 공중은 홍보 대상 조직의 내부에

포함되는 대상으로 종업원, 주주, 지역사회, 원료 공급자, 유통업자, 소비자 등이 이에 속한다. 의료관광기관을 홍보함에 있어서는 병원이나 공공 의료기관 내부의 조직원이 여기에 해당한다. 반면, 외부 공중은 조직의 내부에 포함되지 않는 대상의 특수 공중을 의미하며 언론, 교육자, 성직자, 사회단체, 정부, 금융계, 경제단체 등이 이에 속한다. 외부 공중이든 내부 공중이든 조직의 업무와 직, 간접적인 관계가 있는 모든 특수 공중은 홍보의 대상이 된다. 이 경우 주목의 대상으로 선정된 공중을 홍보의 타깃, 즉 표적 수용자(target audience)라고 부른다.

따라서 의료관광 홍보의 주된 대상인 내 · 외부 공중들 중 어느 하나 또는 그 이상이 홍보영상물의 목적과 목표를 적극 수용할 표적 수용자가 되는 것이고, 그들과 호의적인 관계를 구축하는 것이 바로 홍보영상물을 제작하는 주된 목적이라고 할 수 있다.

타깃을 선정함에 있어 주의해야 할 점은 각 공중들의 대다수가 취하는 입장이 무엇인지도 고려하는 것도 중요하지만, 반대자들의 입장이 무엇인지를 동시에 고려해야 한다는 것이다. 즉 공중들이 무엇이며, 무엇을 생각하는가를 추정할 것이 아니라 그들은 진정 누구이며 무엇을 생각하는지를 밝히는 작업이 선행되어야 하는 것이다. 이런 대상을 가지고 타깃을 구체적이고 정교하게 정할수록 홍보영상의 방향이 명확해질 수 있다. 바람직한 타깃의 설정을 위해 하나의 예를 들어 적용해 보기로 하자.

예) 의료관광 박람회에서 사용하는 홍보영상물의 바람직한 타깃을 설정하면?
→ '의료관광 서비스를 이용할 의사가 있는 동남아 거주 30~50대 여성'.

▸ "의료관광 서비스를 이용할 의사가 있는": 의료관광 업체들이 박람회에 새로운 서비스를 개발하여 전시하고 이와 관련된 홍보영상물을 제작하는 가장 큰 이유는 판매촉진이기 때문임.

▸ '30~50대': 이 연령대의 사람들이 의료관광 서비스에 대해 가장 많은 관심을 가지고 방문하기 때문임.

▸ '여성': 성형 등을 비롯해 여성들이 주로 의료관광 서비스에 관심이 많기 때문임. (홍보활동에서 남성들이 선호하는 매체와 여성들이 선호하는 매체가 일정 부분 차이가 나기 때문에 성별에 관해서도 타깃을 세분화하는 것이 중요함)

▸ '동남아 거주': 의료관광 서비스의 주 고객층에 대한 전체적인 전략 수립이라는 관점에서 보면 지역적 근접성을 고려하지 않을 수 없을 것임.

▸ '서브 타깃': 이들에 이어서 제2의 목표 타깃을 의료관광 서비스를 지금 당장 이용하는 것은 아니지만 새로운 상품에 관심이 많은 10대 여성과 60대 여성으로 설정 → 이는 직접

이용까지 연결될 확률은 1순위 타깃 그룹보다 낮지만 일정 수준 이상의 홍보활동을 벌이면 의료관광 서비스에 대한 좋은 이미지를 가질 수 있고 잠재적인 수요층을 형성할 수 있기 때문임.

▸ 제3의 목표 타깃: 의료관광 상품에 직접적인 관련성은 떨어지더라도 박람회 현장에 찾아온 기타 외국인을 제3의 서브 타깃으로 설정 → 이 그룹은 판매 촉진의 목표보다는 인지도 재고 차원에서 고려해야 할 대상임.

4. 제작목표의 설정

타깃을 정했다면 그에 못지 않게 중요한 점이 목표 설정이라 할 수 있다. 목표는 공중과의 커뮤니케이션에서 실무자가 기대하는 결과이며, 홍보영상물을 제작하는 이유이기도 하다. 제작목표는 홍보하는 타깃이 내적 공중인가 외적 공중인가, 커뮤니케이션 효과의 방향이 균형적인가 불균형적인가, 커뮤니케이션 효과의 특성이 메시지, 기억, 수용, 태도의 형성 혹은 변화, 행동 가운데 어떤 것인가 등과 관련하여 달라진다.

정보 전달을 목표로 할 때에는 공중에 대한 메시지 노출과 이해, 메시지의 수용에 주안점을 두는데, 예를 들어 새로운 의료관광 서비스나 혹은 새로 개발된 프로그램에 대한 소개와 관련된 이벤트 영상을 제작할 때나 이와 유사한 주제에 관하여 잠재적 이용자를 교육시키고자 할 때 이러한 목표를 염두에 두어야 한다.

하지만 때로는 수용자가 조직의 제품이나 서비스에 대하여 느끼고 있는 태도의 변화를 목표로 설정하기도 한다. 예를 들어 병원 홍보영상물을 제작함에 있어 해당 병원에 대한 새로운 태도를 형성시키거나 기존의 병원이나 또는 병원 서비스에 대한 환자들의 태도를 변화시키고자 할 때 설정된다. 태도의 변화와 마찬가지로 행동의 변화를 목표로 하기도 하는데 이는 새로운 행동의 창출, 자극 또는 기존의 호의적인 행위를 강화할 목적으로 구성되는데 이러한 목적을 위한 이벤트 영상물이나 교육용 영상물 등이 제작될 수 있다.

의료관광 영상물을 제작함에 있어 구체적인 목표를 설정하는 것은 홍보영상물의 성공을 높일 수 있기 때문이다. 홍보영상물 제작에 대한 목표를 설정함에 있어 일반적으로 유의해야 할 사항으로는 홍보영상 제작자가 목표에 대해 현실적이어야 한다는 것이다. 예컨대 목표를 설정하는 데 가능한 예산의 규모를 고려해야 한다. 예산이 많을수록 좋기는 하지만 반드시 예산이 많다고 하여 결과가 좋게 나오는 것만은 아니다. 적절한 예산 확보와 예산에 맞는 목표를 설정하는 것이 중요하다. 또한 홍보영상 제작목표에 맞는 영상물의 시간도 고려해야 한다. 홍보영상의 경우 최종 영상물 시간이 홍보의 목적과 성격에 따라 다를 수 있는데, 영상물의 길이가 너무 길 경우 집중도가 떨어지기 때문에 목표에 부합하는 적당한 시간을 설정하는 것이 중요하다. 일반적으로 홍보영상 제작 시 최대 15분은 넘지 않는 것이 효과적이라고 한다.

5. 영상 콘셉트의 설정

1) 주제 콘셉트(What to say)의 설정

모든 타깃과 목표가 설정되었다면 먼저 이 홍보영상을 통해 "무엇을 말할 것인가"를 정해야 한다. 이것을 흔히 홍보 콘셉트(concept)라 한다. 어떤 분야의 전략이나 비전, 상품, 광고, 마케팅, 차별화를 이야기할 때 콘셉트라는 단어가 흔히 사용되는데, 콘셉트는 포지셔닝의 하위 개념으로 쓰이는 용어로 공연, 행사, 영상에서 드러내고자 하는 주된 생각을 말한다. 홍보영상물을 제작함에 있어 홍보 콘셉트란, 특정 홍보영상이 내세우는 주장이나 의견을 지칭하는 말이 된다. 다시 말해 콘셉트란 만들어진다기보다는 발견해 내고 강조하는 것으로, 대중의 마음속에 있는 어떤 생각을 꺼내서 보여 주는 '무엇이' 바로 콘셉트다.

광고나 홍보에서 콘셉트는 보통 두 가지 단계로 나누어 설정된다. 먼저 'What to say,' 즉 무엇을 말한 것인가에 대한 전체적인 콘셉트를 잡고, 이 후 'How to say,' 다시 말해 그 콘셉트를 어떻게 표현할 것인가에 대해 고민해야 한다.

2) 표현 콘셉트(How to say)의 설정

홍보를 위한 주제 콘셉트가 정해졌다면 그 다음 단계로 홍보영상을 어떻게 표현할 것인가 하는 표현 콘셉트를 생각해 보아야 한다. 즉 어떻게 말할 것인가(How to say)가 홍보영상에서 표현 콘셉트에 해당되며 홍보영상을 만들기 위한 실제적 부분 중 제일 첫 번째 행위이며, 아이디어를 도출해 내는 과정이기도 하다.

표현 콘셉트를 잡기 위해서는 표현 테마로 할 수 있는 부분이 어떤 것이 있는지, 해당 의료기관의 로고 특징과 색깔 그리고 표현하고자 하는 이미지 등을 고려하여야 한다. 또한 이런 홍보영상의 표현 콘셉트를 정할 때에는 먼저 설정된 홍보영상의 목적, 홍보 대상의 장단점, 이 영상을 통해 얻고자 하는 기대효과 그리고 타깃과 현재 홍보 대상이 갖고 있는 이미지, 전해 주어야 하는 정보 등을 어떤 매체에 얼마만의 예산으로 할 수 있는지 등을 생각해 보아야 한다. 따라서 총체적으로 시나리오 작가, 감독 등 영상 제작자들이 함께 의논하여 만들어 가는 것이 좋다.

6. 표현방향의 설정

홍보영상의 제작에 있어 표현방향을 적절하게 설정하는 것이 중요한 요인이다. 가령, 해당 기업이 갖는 이미지를 고려하여 기업과 관련된 로고 색으로 영상의 전체적인 색, 자막 색깔 등 세부적인 색을 결정함으로써 표현방향을 설정할 수 있다. 왜냐하면 해당 기업의 로고색을 사용하게 되면 떠오르는 색 또한 고유한 속성으로 연상시키는 이미지가 있기 때문이다. 이처럼 표현방향을 결정함에 있어 먼저 컬러와 무드를 고려하는 것이 중요하다. 톤(tone)은 영상에서 그림(visual), 색채, 문자(copy), 심벌, 소리(audio)와 같은 여러 가지 상징요소들로 어우러져 전달되는 것을 말한다. 영상 제작에 있어서 톤은 하나의 브랜드 이미지를 형성시키는 데 매우 중요한 요인이다. 그러므로 홍보 대상의 아이덴티티를 일관성 있게 고객에게 전달시키는 요소로서의 톤의 역할은 중요하게 부각된다. 적절한 톤을 결정함에 있어서는 홍보하는 기업이나 제품에 대한 신뢰도, 퍼스낼러티, 제품의 성격, 종류 등을 고려하여야 하고 이 밖에도 홍보영상 타깃의 성, 나이, 라이프스타일, 주 타깃의 심리, 직업, 교육의 정도, 제품 사용 상황 등을 두루 고려하여 결정하는 것이 바람직하다.

그 다음으로 영상물을 표현하는 방식을 결정하여야 한다. 영상물의 종류는 다양하지만 표현방식을 어떻게 처리하느냐에 따라 나열형, 이미지 강조형, 드라마형, 프레젠테이션형 등으로 구분할 수 있다.

먼저, 이미지 강조형은 의뢰주가 의료관광 기업이나 서비스명에 대한 인지도를 높이고 이에 대한 좋은 기억을 지속시킬 목적으로 흔히 사용된다. 이는 기업이나 제품에 대한 욕구를 환기시키거나 구체적인 정보전달을 통해 행동을 유발시키는 설득적인 내레이션형 홍보영상과 대비되는 유형이다. 주로 절제된 카피와 상징적인 영상으로 구성하는 것이 바람직하다.

둘째 유형으로는 내레이션형이 있다. 가장 일반적인 유형으로 이 유형은 대사보다는 주로 직접적으로 영상속의 정보를 해설하는 설득적인 방식으로 정보전달을 하는 유형이다. 내레이터는 영상 속에 등장하는 인물일 수도 있고, 줄거리 액션이나 다큐멘터리를 해설하는 익명의 보이지 않는 사람이 할 수도 있다.

셋째 유형은 드라마형으로 홍보내용을 재연과 같은 드라마적인 요소로 표현한 것이다. 이 유형은 행위를 목표로 하는 공공 홍보영상물 등을 제작할 때 효과적이다.

마지막으로 프레젠테이션형은 유명 모델이나 혹은 신뢰감 있어 보이는 모델을 등장시켜 동영상과 더불어 정보를 전달하는 형태의 영상물이다. 이러한 유형은 기본적으로 나열형 홍보영상과 내용은 동일하나 보다 신뢰감과 친근감을 구축할 수 있다는 장점이 있다.

7. 스토리보드 작성

스토리보드(storyboard)란 주요 장면을 이미지로 정리해 놓은 것으로, 스토리(story)를 보는 사람이 이해할 수 있도록 그림으로 그려 정리한 판(board)이라는 뜻이다. TV CF나 애니메이션 등에서 영상의 흐름을 설명하기 위해서 스토리, 구성, 카피, 화면 등의 내용을 간단히 스케치해 완성해야 할 영상에 가장 가깝게 미리 보여 주는 기능을 한다. 기획단계에서는 시나리오를 구체적으로 시각화하는 도구로 의뢰주를 대상으로 하는 프레젠테이션용으로 쓰인다. 또한 촬영장에서 스토리보드는 동작, 대사, 카메라 앵글, 렌즈 종류, 조명위치, 기타 필요한 일체의 사항과 음악, 음향효과까지 메모해둔 연출 대본으로 제작진 사이의 의사소통을 위한 중요한 도구로 쓰인다. 이는 다른 말로 콘티뉴이트(continuity)라고도 하는데 보통 줄여 '콘티'라고 부른다. 홍보영상에서는 CF보다는 길이가 길기 때문에 생략하는 경우도 많지만 전체적인 스토리보드는 영상의 틀을 유지하기 위해서 필요하므로 중요하다.

콘티를 작업할 경우에는 컷 수를 최소화하여 이해를 빠르게 하며, 그림으로 표현하기 힘든 부분은 따로 자료를 준비하거나 글로 표현하여 이해를 도와야 한다.

1) 콘티의 종류

(1) 러프콘티 또는 흑백콘티

러프콘티(rough conti)는 대본을 대충 시각화한 것으로 피사체와 카메라 움직임의 골격만 표현할 뿐 세세한 묘사는 생략한 것을 뜻하지만, 때로는 컬러콘티의 반대 의미로 사용되기도 한다. 일반적으로 홍보영상을 만들기 위한 아이디어를 갖고 있는 담당자들끼리 의사소통을 하기 위해 그리며, 그림 수가 많기 때문에 전문적인 콘티 작가가 그리기도 한다. 또한 이 러프콘티를 홍보영상 의뢰주에게 제시하여 영상을 설명하기도 한다.

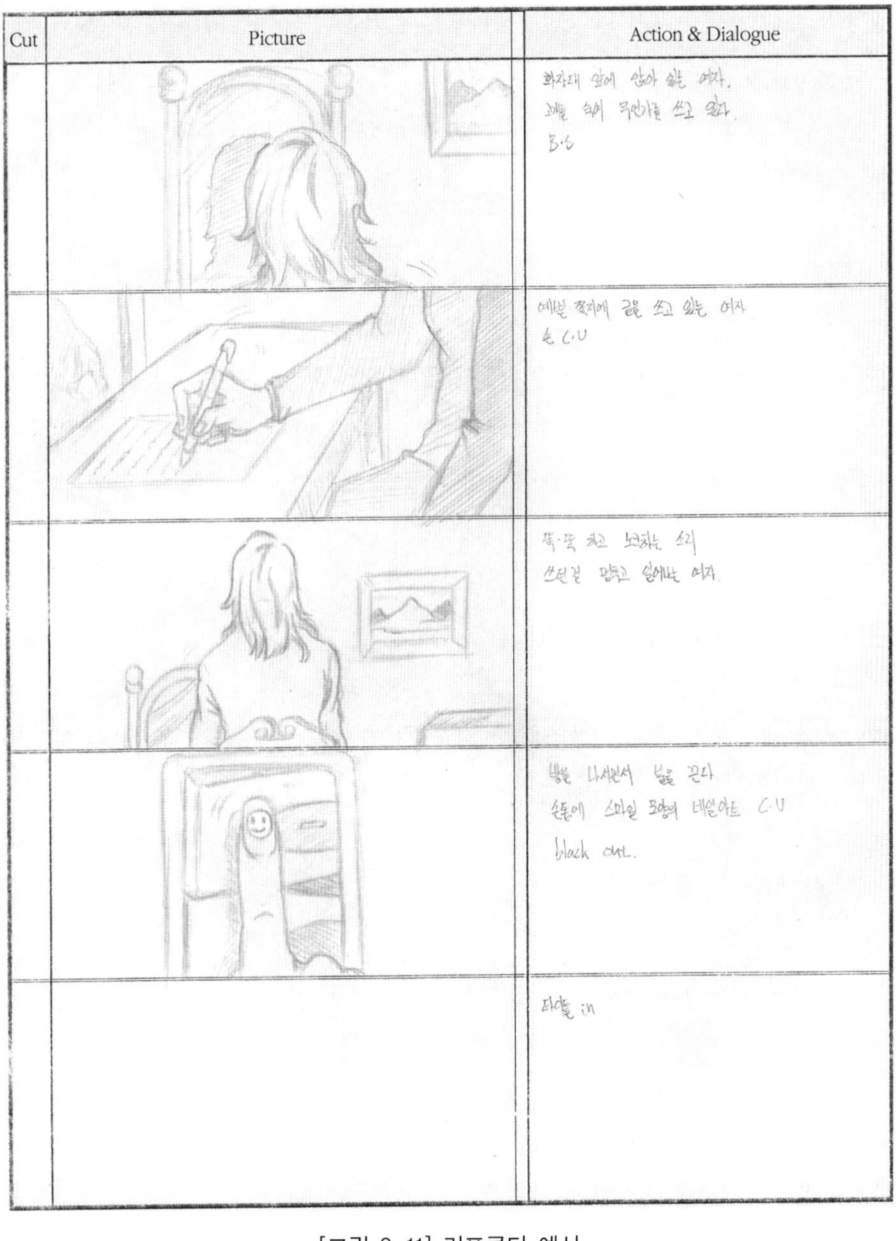

[그림 3-11] 러프콘티 예시

(2) 컬러콘티

주로 프레젠테이션용으로 많이 그리며, 프레젠테이션 보드로 구분하는 경우도 있다. 이것은 누군가에게 보여 주기 위한 스토리보드로서 보다 정밀하게 그리며, 등장인물의 움직임뿐만 아니라, 카메라 앵글, 의상, 컬러, BGM이나 내레이션, 음향효과 등의 오디오 요소까지 영상의 세세한 부분까지 나타낸 콘티이다. 컬러콘티는 색을 입히는 데 시간과 비용이 많이 발생하는 단점이 있지만, 실제 홍보영상의 완성형을 예상할 수 있다는 장점이 있다. 비전문가인 홍보영상 의뢰주가 최종적으로 홍보영상이 만들어졌을 때를 연상할 수 있도록 한다.

(3) 촬영콘티

촬영현장에서 계획적으로도 원활한 진행을 위해 각 컷별로 촬영순서, 촬영방법, 출연자의 동작, 대사, 음향, 카메라 앵글, 렌즈의 종류, 조명의 위치, 음악효과 등 촬영감독이 작성하는 콘티를 말한다. 즉 감독이 제작을 위한 촬영 계획서 같은 역할로 작성하는 것을 말한다.

2) 콘티 작성에 주로 사용되는 약어

콘티를 작성함에 있어 주로 사용되는 약어를 이해하고 이러한 용어에 대한 활용도를 높여야 한다. 분야별로 주로 사용되는 약어로는 다음과 같은 것들이 있다.

(1) 카메라 앵글에 관한 약어

① B.E.V.(Bird's Eye View Angle): 피사체의 머리 위에서 촬영
② H.A.(High Angle): 피사체를 내려다보며 촬영(부감)
③ L.A.(Low Angle): 피사체를 올려다보며 촬영(양각)
④ E.L.(Eye Level): 눈높이에서 촬영
⑤ O.A.(Oblique Angle): 피사체를 기울어지게 촬영

(2) 카메라 사이즈에 관한 약어

① E.L.S.(Extream Long Shot): 극도의 원거리 전경, 파노라마, 설정 샷
② L.S.(Long Shot): 전경, 인물과 사물 식별, 전체와의 관련성 전달
③ F.S.(Full Shot): 배경보다 피사체에 관심, 피사체를 구체적으로 보여 줌
④ K.S.(Knee Shot): 인물의 무릎 위, 상체의 움직임
⑤ W.S.(Waist Shot): 인물의 허리 위 상반신, 2S에 많이 사용
⑥ B.S.(Bust Shot): 인물의 가슴 위, 인물의 시선 쪽에 여백
⑦ C.U.(Close Up Shot): 턱에서 머리 일부분
⑧ E.C.U.(Extream Close Up Shot): 눈이나 입술 등을 극도로 근접해서
⑨ 1S(One Shot): 1사람을 1프레임에 촬영
⑩ 2S(Two Shot): 2사람을 1프레임에 촬영
⑪ 3S(Three Shot): 3사람을 1프레임에 촬영
⑫ O.S.S.(Over the Shoulder Shot): 배우의 어깨 너머로 촬영

(3) 카메라 워크에 관한 약어

① T.U.(Tilt Up): 카메라 헤드를 아래에서 위로 틸팅
② T.D.(Tilt Down): 카메라 헤드를 위에서 아래도 틸팅
③ D.I.(Dolly In): 카메라가 피사체로 다가가며 촬영
④ D.O.(Dolly Out): 카메라가 피사체에서 멀어지며 촬영
⑤ Pan.R.(Pan Right): 카메라가 왼쪽에서 오른쪽으로 패닝
⑥ Pan.L.(Pan Left): 카메라가 오른쪽에서 왼쪽으로 패닝
⑦ S.Pan.(Swish Pan): 형체를 알아볼 수 없을 정도로 빠르게 패닝
⑧ B.U.(Boom Up): 카메라 전체가 위로 올라가며 촬영
⑨ B.D(Boom Down): 카메라 전체가 아래로 이동하며 촬영
⑩ BK.F.(Back Follow): 카메라가 배우의 뒤를 따라가며 촬영
⑪ FRT.F.(Front Follow): 카메라가 배우의 앞에서 앞서가며 촬영

(4) 카메라 테크닉

① F.I.(Fade In): 화면이 점점 밝아짐
② F.O.(Fade Out): 화면이 점점 어두워짐
③ FRM.I.(Frame In): 연기자가 화면 안으로 들어옴
④ FRM.O.(Frame Out): 연기자가 화면 밖으로 나감
⑤ FCS.I.(Focus In): 초점이 맞으면서 장면이 시작됨
⑥ FCS.O.(Focus Out): 장면 전환 중 초점이 흐려짐
⑦ Z.I.(Zoom In): 피사체를 줌렌즈로 당겨서 확대함
⑧ Z.O.(Zoom Out): 피사체를 줌렌즈로 축소함
⑨ H.H.(Hand Held Shot): 삼각대 없이 손으로 들고 촬영

8. 시나리오 작성

1) 시나리오

시나리오란 영상내용을 문자로 나타낸 것이다. 모든 영상에는 대본, 각본이 있는데 그것을 바로 시나리오라 말한다. 시나리오가 갖춰야 할 기본적인 요소는, 신과 신 제목(주로 장소나 신 번호), 대사, 지문, 실내외 여부, 시간, 인물의 이름과 동작 등이 포함된다. 신(scene)이란 무엇이 벌어지는 장소이며, 인물이 어떤 행동을 하며 이야기가 펼쳐지는 공간을 말하는 영상단위이며, 이런 신들이 모여 시퀀스(sequence)를 이루게 된다. 즉 시나리오란 이런 시퀀스들의 작은 이야기가 모여 만들어지는 큰 이야기를 의미한다. 이런 시나리오는 의뢰주, 제작자, 연출자, 배우 등에게 넘겨져 연출, 연기 설정, 의상, 음악 등의 제작단계를 준비하는 기본 자료가 된다. 홍보영상 부분에도 드라마나 방송 작가들과 같이 전문 시나리오 작가들이 활동하고 있다.

홍보영상의 시나리오는 보통 성우 내레이션이 들어가는 타입이 많다. 성우 내레이션 형식은 화면의 의미를 성우가 해설자로 설명하고 적절한 곳에 인터뷰나 음악을 삽입하여 연출자의 의도를 전달하는 방식이다. 주로 이런 양식이 많이 쓰이는데 이 외에도 홍보영상의 등장인물이 내레이션을 하거나, 홍보 드라마나 영화같이 드라마 형식으로 대본을 구성하

고 제작하는 형식도 있다.

2) 시나리오 구성 시 유의할 점

(1) 홍보영상을 통해 전달하려고자 하는 메시지에 맞게 표현요소들을 선택하고 추리면서 구성해 나가야 한다. 이때 홍보영상에서 전달하고자 하는 메시지, 즉 콘셉트를 잊지 말고 콘셉트에 맞게 구성하는 것이 중요하다.

(2) 홍보영상의 시작과 끝에는 프롤로그와 에필로그가 구성된다. 이때 프롤로그는 흥미를 유발하게 하거나, 전체적인 내용이 대표하거나, 앞으로 전개될 내용의 동기를 부여해 준다. 에필로그의 경우, 전체적 내용이 끝나는 시점으로 홍보영상의 메시지를 압축적으로 보여 주는 것이 좋다. 홍보영상의 성격에 따라 다르겠지만, 보통 프롤로그는 강하게 시작하여 에필로그에서는 부드럽거나 감동적으로 끝내는 형식을 많이 볼 수 있다.

(3) 영상의 전체적 구성에서 긴장과 이완을 반복시키는 작은 구성으로 집중력을 유지시킬 수 있게 한다.

(4) 내레이션을 구어체로 쓰는 것이 일반적이며, 영상을 해설만 하기보다는 영상의 핵심이 잘 전달될 수 있게 하여야 한다. 내레이션 작성법에 대해서 주의할 점은 아래에서 좀 더 자세히 살펴보기로 한다.

3) 내레이션

내레이션(narration)은 사전적인 의미로는 서술, 이야기란 뜻으로 영화나 텔레비전 등에서 화면에 설명을 넣는 기법으로 화면에서 일어나는 현재 상황이나 의미를 말하는 것이다. 홍보영상에서는 이런 내레이션과 화면을 결합함으로써 전달효과를 극대화시키며, 화면에 보완적 역할을 한다. 내레이션 원고 작성을 함에 있어 다음과 같은 점을 유의하여야 한다.

(1) 내레이션은 상황이나 행동을 묘사하는 것이 좋으며, 너무 설명하기보다는 홍보영상의 핵심을 전달할 수 있어야 한다.

(2) 홍보영상에서 내레이션은 보통 1/2에서 2/3 정도로 내레이션을 쓰는 것이 바람직하고 전체적 문장은 쉽게 써야 한다. 복문보다는 단문을 쓰고, 한 문장의 길이가 10초를 넘지 않는 것이 좋다. 기본적으로 화면의 앞뒤를 5초 이상씩 남긴다는 기분으로 작성하는 것이 좋다.

(3) 이것, 여기, 저기 등의 지시 혹은 지칭 대명사는 가급적 피하는 것이 좋으며, 형용사, 부사가 많은 것도 좋지 않다. 접속사를 써야 할 경우, 강조하는 장면이나 내용이 전환이 될 때 사용하는 것이 좋으며, 완성된 문장으로 문장이 끝나는 것이 바람직하다.

(4) 구어체로 내레이션을 쓰는 것이 기본이며, 자연스러운 문장으로 만드는 것이 중요하다. 또한 읽는 사람이 일정한 톤이 유지될 수 있도록 쓰며 호흡단위와 음률에 신경써야 한다.

(5) 내레이션이 화면보다 먼저 나오기보다는 화면 이후에 나오는 것이 좋으며, 사실 부분과 해석 부분이 모호하지 않게 정확한 표현을 써주는 것이 좋다.

4) 시나리오에 사용되는 기호

시나리오에 많이 사용되는 기호 역시 미리 알아두어야 한다. 다음은 시나리오에서 자주 사용되는 기호를 정리한 것이다.

(1) 기본 기호

① 이펙트(E, effect): 노크소리, 전화소리 등 소리
② 필터(F, filter): 전화 받는 상대방 목소리, 마이크를 통해 들리는 목소리 등
③ 오프(Off): 화면 밖에서 들리는 소리
④ 내레이션(N, narration): 해설, 목소리

(2) 편집 기호와 카메라 기호

편집 기호는 신이 바뀔 때 장면 전환효과를 지시하는 기호이며, 카메라 기호는 촬영할 때 카메라의 움직임을 지시하는 기호이다.

① 편집 기호: 페이드 인/아웃(F.I./F.O.), 오버랩(O.L.), 디졸브(Dis), 인서트(Ins), 플래시백(F.B.), 점프컷(Jump C.) 등

② 카메라 기호: 패닝(Pan.) 틸트(tilt), 줌인/줌아웃(zoom in/out), 달리(dolly), 앙각(low angle), 부감(high angle) 등

〈표 3-1〉 시나리오 예시

중국에서 온 학생 〈인터뷰〉 이렇게 기숙사까지 마련해 주니까 마음 편히 치료받고 갈 수 있어 좋아요. 〈의료기숙사 관리사〉 치료가 한 번에 끝나지 않기 때문에 해외에서 오신 분들의 편의를 위해 기획한 것이에요. 해외에서 오신 특히 여성분들께서 마음 편히 지낼 수 있어 좋다고 반응이 굉장히 좋고요~ 그 덕에 매출도 늘었어요~ # 기숙사 휴게실서 편하게 쉬는 모습(Pan.) na) 모든 환자들이 가장 편안하고 안정되게 치료받을 수 있도록…

9. 홍보영상 프로덕션 선정

홍보영상 기획에서부터 시나리오 작성까지 일부를 제외하고 대부분이 홍보대행사나 광고대행사가 주로 하는 홍보영상 제작 업무이다. 그러나 의뢰주가 대행사를 거치지 않고 직접 홍보영상 프로덕션에 홍보영상 제작을 의뢰하는 경우엔 제작 프로덕션이 모든 업무를 검토, 실행해야 한다.

1) 홍보영상 프로덕션의 인원구성

홍보영상은 팀으로 이루어 제작된다. 방송이나 영화와 구성이 비슷하며, 프로듀서, 감독, 작가, 조감독 등 연출진인 스태프(staff)와 촬영감독, 조명, 음향 담당자 등 주로 기자재를 이용하는 사람을 말하는 크루(crew)로 이루어져 활동한다. 스태프는 홍보영상 프로덕션 인원의 근간이 되며, 크루는 별도의 독립된 회사나 프리랜서로 활동하는 경우가 많다.

〈표 3-2〉 홍보영상 프로덕션의 인원 구성

구분	내용
프로듀서(PD, 기획실장)	· 프로덕션에서 기획과정을 전담 · 기획안 작성, 아이디어회의, 프레젠테이션 · 제작진 선정, 제반 설비준비, 제작일정 작성, 예산 책정업무를 관장
감독과 조감독	· 홍보영상물을 제작, 연출하는 책임자 · 조감독은 감독을 보좌하여 자료수집, 일정표 작성, 시간조정, 스태프들에게 연락 및 협의 등을 하며, 영상 제작의 원활한 진행을 도모
촬영기사	· 촬영감독으로 영상을 어떻게 표현할 것인지에 대한 노하우와 능숙한 카메라 조작이 가능한 사람 · 프리랜서로 많이 활동
조명기사	· 조명기자재를 보유한 프로덕션에만 있고, 주로 독립된 별도의 회사로 운영
작가	· 감독과의 협의 하에 구성안과 시나리오를 작성 · 주로 프리랜서로 활동
일반총무	· 일반회계 및 정리를 담당

2) 홍보영화 프로덕션의 업무

홍보영상 프로덕션은 의뢰주로부터 홍보영상 제작 의뢰를 받고 홍보영상 제작에 관한 제반 업무를 담당하는 제작 전문 회사로, 주로 다음과 같은 일을 한다.

(1) 아이디어 회의 동참과 아이디어 발상
(2) 스토리보드 및 시나리오 발주(대행사가 없는 경우)
(3) 제작 견적서 작성
(4) 촬영 스케줄 작성
(5) 자료수집

(6) 촬영 스태프 구성, 회의 주관
(7) 코디네이터 및 로케이션 매니저 선정
(8) 세트 발주
(9) 촬영 콘티 만들기
(10) PPM(pre-production meeting) 준비
(11) 촬영지 헌팅 및 모델 체크
(12) 오디오 발주
(13) 촬영기자재, 대도구, 소도구, 의상, 제품준비
(14) 촬영
(15) 현상, NTC, 편집, 녹음

3) 제작 견적서

홍보영상 의뢰주로부터 구성안에 대해 결정이 나면 홍보영상 제작을 위한 견적서를 작성하게 된다. 대행사가 있는 경우에는 프로덕션이 제작비용을 산출해 대행사에 제출하면 대행사는 그 견적에 대행사 수수료와 그 외 대행사 직불 제작비를 포함시켜 의뢰주에게 결제를 올리게 된다. 홍보영상의 경우 대행사가 있더라도 직불 항목을 최소화하고 모든 제작비를 프로덕션을 통해 집행하는 경우가 많다.

(1) 프로덕션 제작비 항목

① 기획서 부문: 기획비
② 연출료 부문: 감독, 조감독료
③ 프로듀서 부문: 프로덕션 PD료
④ 시나리오 부문: 시나리오 작업비
⑤ 콘티료: 스토리보드 작화비
⑥ 편집비 부문: 편집 연출료와 진행비
⑦ 특수 작업 연출료 부문: 특수 작업에 대한 연출료
⑧ PPM 부문: 세트 디자인비 및 자료 조사비
⑨ 기술인건비 부문: 촬영기사, 조명기사, 장비기사, 통역 등의 인건비

⑩ 촬영기자재 부문: 촬영관련 기자재들
⑪ 특수기자재 부문: 이동차, 크레인, 지미집 등
⑫ 조명기자재 부문: 텅스텐, HMI 라이트, 등 일반 조명기자재비
⑬ 촬영준비 부문: 차량 운행비, 국제통화비, 진행비
⑭ 촬영비용 부문: 차량비, 교통비, 임대료, 식대, 숙박비 등
⑮ STUDIO 부문: 세트장 사용료, 로케이션 장소 대여비
⑯ 보험료 부문: 단체 보험료 및 기자재 보험료
⑰ 미술료 부문: 대도구, 소도구, 메이크업, 스타일리스트
⑱ 출연료 부문: 모델 및 엑스트라 출연료(촬영현장에서 직불되는 경우)
⑲ STILL 촬영 부문: 헌팅 및 제작 연출상 필요한 스틸 촬영비
⑳ 저작권 사용 부문: 음악 및 사진 중 기존의 작품을 사용할 경우
㉑ 필름 및 현상료 부문: 35mm 필름 400자 기준, Tape은 권당
㉒ 녹음료 부문: 녹음실 사용료, 성우료
㉓ 합성 작업 부문: CG 및 모션 콘트롤 사용료
㉔ 완성진행 부문: 마무리 작업단계 시 필요한 진행비
㉕ PRINT 부문: 베타 테이프, DVD 작업료
㉖ 포스트 프로덕션 부문: 편집료
㉗ 해외제작 부문: 환율 계산 및 공항세, 화물 수수료, 관세
㉘ 프로덕션 공과금 부문: 인건비를 제외한 제작비×0.15

(2) 대행사 제작품의 항목

① 프로덕션 제작비: 대행사 지불 항목을 뺀 프로덕션 제작비 총액
② 포스트 프로덕션비: 편집료
③ 오디오 프로덕션비: 녹음실료
④ 시나리오 부문: 시나리오 작업비
⑤ 콘티료: 스토리보드 작화비
⑥ NTS료
⑦ 성우료
⑧ 출장비 및 진행비

⑨ 제작 수수료

⑩ 기획료: 대행사 기획료

10. 사전점검 및 제작회의

기획안과 표현방식이 결정되었다면 의료관광 홍보영상에 대한 직접적인 제작에 들어가기 전 의뢰한 의뢰주의 의중과 분위기, 의료관광의 대한 문서 자료와 현 시장 조사, 홍보영상의 지역과 홍보 목적, 예산과 사용 계획 등을 미리 조사하는 것이 중요하다. 이런 사전조사 후에는 제작자들이 모여 대상에 대한 여러 요소를 분석, 브레인스토밍을 통해 아이디어를 모아가며 홍보영상이 이야기하여야 하는 전체적인 콘셉트나 영상 표현방법, 영상의 종류와 홍보영상의 타이틀 등에 관한 의견을 나눈다.

이러한 모임의 목적은 의뢰주 입장에서 제작자가 마음대로 영상을 제작하는 행위를 제약하고 철저한 홍보 마케팅 전략에 의거한 제반 요소들을 점검하고 수정을 요구할 수 있기 때문이다. 또한 제작 담당자 입장에서는 제작 완료 후 재촬영 및 수정 등의 리스크를 없앨 수 있는 확인의 자리 성격을 지닌다. 이 자리에서 협의해야 할 주요 내용으로는 촬영 콘티에 대한 연출 의도 설명, 스태프의 구성, 홍보영상의 전반적인 컬러톤, 촬영 스케줄, 촬영 현황과 의뢰주 협조사항, 출연 모델 사진 및 의상 샘플 제시, 세트 설계도, 시나리오 내용, 자막 위치 및 제시 유무, 건의사항 및 보강 자료 확인 등이다. 이 협의에서 혹시 의문사항이나 수정할 부분이 발생할 경우에 의뢰주는 감독에게 의견을 요구할 수 있으며, 제작자 측에서도 협조를 구해야 하는 사항에 대해서는 가능 여부를 확인할 필요가 있다.

11. 영상물의 제작

구체적인 영상물의 제작과정은 다음 장에서 자세히 다루도록 한다.

12. 시사 및 마무리

홍보영상이 완성되고 나면 최종적으로 의뢰주에게 시사를 하게 된다. 시사는 회사마다 다르지만, 보통 한 번에 끝나지 않고, 담당자와의 사전 시사 후, 수정 작업을 하여 최종 결정권자의 시사를 하게 된다. 종종 이 단계에서 문제가 발생하여 처음부터 다시 시작하는 경우도 생길 수 있으므로 사전에 의뢰주와의 커뮤니케이션이 잘되어야 한다. 모든 수정을 끝내고 최종 완성본이 나오면 CD 혹은 DVD 등과 같은 계약 때 의뢰주가 요구한 형태로 납품하게 되며 이 납품이 끝나야 홍보영상의 제작 작업이 완전히 끝났다고 할 수 있다.

제4장 촬영 I: 촬영의 기초적 이해

1. 촬영

홍보영상에서 촬영에서 주로 쓰이는 촬영기 기기는 35mm나 16mm 무비 필름카메라, ENG카메라 그리고 6mm DV카메라나 HDCAM이 있다. 최근 자주 쓰이는 베타캠이나 디지베타 방식의 카메라는 방송용으로 제작된 것이기 때문에 그 운용이 쉽고 호환성이 높아서 널리 쓰이고 있으나, 필름에 비해 색상의 선명도와 깊이감이 모자라 홍보영상에서 자동차와 같이 크고, 고급스럽게 제품을 보여야 할 때에는 35mm 무비카메라를 선호하는 편이다. 흔히 쓰이는 카메라의 종류에는 다음과 같은 것들이 있다.

1) 카메라의 종류

(1) 무비카메라(Movie Camera)

영화 촬영용 카메라를 말하며, 동 사진카메라(motion picture camera)라고도 한다. 70mm, 35mm, 16mm 등 전문 용도에 쓰이는 것과 8mm 등 아마추어용이 있다. 이 밖에도 입체형 카메라, 애니메이션 카메라, 수중카메라, 고속카메라 등이 있으며, 35mm 무비카메라 촬영을 홍보영상 제작에서는 필름 작업이라 지칭한다.

(2) ENG카메라

텔레비전 뉴스 취재용으로 개발된 ENG는 Electronic News Gathering의 약자로, 지금은 일반 방송 프로그램 제작에서부터 홍보영상 제작까지 폭넓게 사용되고 있다. ENG의 장점은 녹화 후 즉시 활용할 수 있기 때문에 뉴스 취재에서 기동성, 동시성, 필름에 비해 저렴한 경제성, 기계적으로 단순하고 간결하여 기동성이 좋다는 점이 있다.

제일 처음 쓰이게 된 것은 아날로그 ENG카메라였는데, 디지털에 비해 가격이 저렴하나 아날로그 1 : 1 편집기에서 아날로그 ENG카메라로 촬영된 테이프를 편집할 경우 화질이 조금씩 떨어진다는 단점이 있다. 그 후 음질과 화질뿐만 아니라 기능 면에서 질이 대폭 개선된 디지털 베타캠(Digital Betacam) 기종이 현재까지도 쓰이고 있는데, 장점은 디지털 1 : 1 편집기에서 촬영된 디지털 베타 테이프(Beta Tape)로 가편집단계를 서너 차례 거쳐도 화질의 선명도가 떨어지지 않는다는 것이다. 최근 방송도 모두 HD화되어 가면서 고화질, 입체음향, 와이드 화면의 HD TV(high Definition Television) 프로그램 제작용으로 개발된 HD 디지털 ENG카메라를 이용하는 추세이다. 드라마와 다큐멘터리를 비롯한 예능 제작 등 다양한 프로에서 사용되고 있다.

[그림 4-1] ENG카메라

(3) 소형 캠코더

1996년부터 디지털 방식의 6mm 소형 캠코더가 개발되면서 화질은 현저히 개선되었고, 방송용 무선마이크까지 장착할 수 있도록 설계된 것도 있으며, 수동 초점, 수동 조리개 조작까지도 향상되고 있어 영상 전문가들 역시 많이 사용하게 되었다.

[그림 4-2] 학교 교육용이나 예능 프로그램 VJ들 모습에서 볼 수 있는 PD170

[그림 4-3] HD카메라 Z5

2) 카메라 장착 장비

(1) 트라이포드

트라이포드(tripod)는 카메라가 흔들리지 않고 안정적으로 지탱하는 카메라 받침대이다. 지상에서 30cm 높이까지 카메라를 낮춰 양각 촬영을 위한 가장 표준적인 소형 받침대부터 표준규격인 약 1.2m에서 2.7m 사이의 렌즈높이를 들 수 있는 종류가 있다. 카메라 장착헤드는 트라이포드나 달리를 카메라에 연결시켜 주는 역할을 한다.

[그림 4-4] 트라이포드

(2) 모션 컨트롤

모션 컨트롤(motion control)은 한 장면에서 컴퓨터에 의해 카메라의 물리적인 움직임과 대상들이 서로 정확하게 일치하여 연속되는 과정을 만들어 낼 수 있도록 프로그램을 하는 전자적, 기계적 기술이다. 이 장비는 컨트롤러의 간단한 조작만으로도 트랙 위에서의 전후 이동, 카메라 조작부에서 상하좌우의 이동이 가능하게 해준다. 가장 큰 특징은 카메라의 모션을 저장했다가 호출하는 게 가능하여 동일한 카메라 모션을 오차 없이 반복할 수 있다는 점이다. 이를 통해 창의적인 영상 제작이 가능하며, 현재 그 활용 가능성이 확대되고 있는 추세이다. 모든 종류의 카메라가 되는 것은 아니고 콤마 촬영이 가능한 종류의 카메라만 가능하다. 예를 들어 영화 〈태극기 휘날리며〉의 중공군 등장 장면에서 일부의 중공군을 레이어화하여 다른 위치에서 여러 번 촬영한 후 레이어를 병합함으로써 수많은 중공군이 진격하는 것으로 표현한 사례가 있다.

(3) 로 로더

로 로더(low loader)는 자동차나 오토바이같이 이동하는 물체를 같은 속도로 촬영할 때 필요한 장치이다. 이 장치는 긴 트레일러 위에 찍고자 하는 운송수단을 올려놓고 이동하면서 촬영한다.

(4) 원형 이동 트랙

촬영하고자 하는 사물을 중심으로 360도 회전하여 촬영할 수 있도록 고안된 장치이다. 트랙 위에는 모든 종류의 달리를 올려놓을 수 있다. 이 원형 이동 트랙을 사용할 때는 카메라의 이동이 그림자로 나타나지 않게 주의해야 한다.

(5) 스테디캠

이동하면서 안정된 샷을 작업하려 할 때 가장 많이 사용되는 것이 스태빌라이저이다. 스태빌라이저란 카메라를 특수한 안정장치 위에 얹어 핸드헬드와 같이 자유로운 움직임을 구사하지만 흔들림을 안정화시킨 모든 기기류를 통칭하는 말이다. 그중 대표적인 적인 바로 스테디캠이다. 즉 스테디캠(steadicam)은 카메라를 카메라맨의 몸에 부착하여 흔들림을 완화시킴으로써 안정된 영상을 얻을 수 있도록 하는 특수 촬영 장비이다. 기동성이 있게 움직이거나, 크레인의 이용이 좁은 장소에서 유용하게 쓰인다.

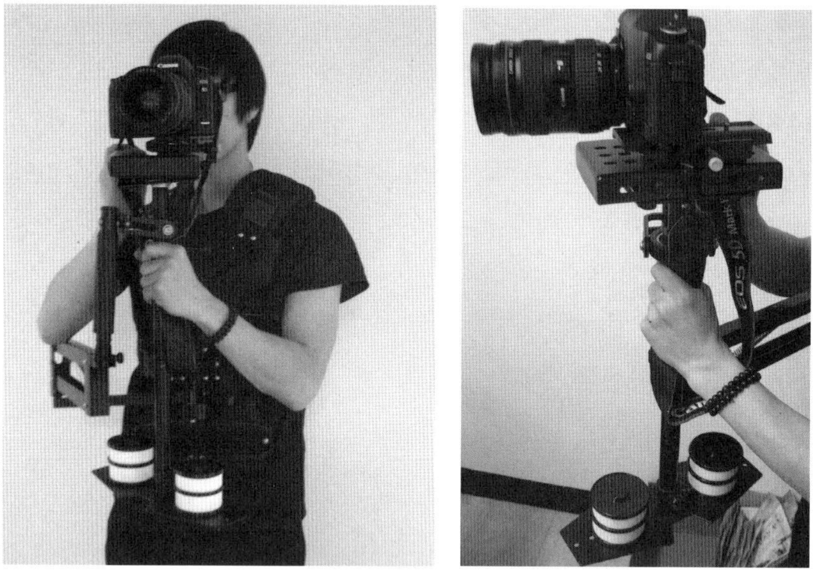

[그림 4-5] 스테디 캠

(6) 크레인

카메라맨이 지접 탑승하여 카메라를 조작할 수 있도록 되어 있는 형태를 크레인이라고 부른다. 크레인(crane)은 상하, 좌우, 전후방향 등 어느 방향에서도 자유자재로 움직이며 피사체를 역동적으로 찍을 수 있어 시각적 효과가 뛰어난 화면을 만들 수 있다. 또한 수평 달리와 결합하여 다양한 카메라 기법을 구사할 수 있으며, 주로 풀샷의 마스터 샷이나 극적인 장면, 스펙터클한 장면에 쓰이며 어떤 지점에서 출발하여 사물을 걸치고 목표 피사체가 다가가며 찍는 것이 일반적이다.

(7) 지미집

지미집(jimmyjib)은 고정 축 위에 회전이 가능한 일종의 무인 크레인으로 카메라맨이 크레인을 올라타서 움직이는 것이 아니라 크레인 같은 구조 끝에 카메라를 장착하고 카메라맨이 크레인 암을 움직이거나, 아래에서 카메라를 리모컨으로 자유자재로 조정하여 촬영할 수 있다. 지미집은 주로 카메라맨이 크레인에 올라타서 찍기 위험한 장소나 협소한 공간에서 쓰이며, 시점이 점점 높아지고 넓어지는 촬영에 쓰인다. 〈1박 2일〉과 같은 프로그램에서 폭포나 산과 같은 전경 장면을 촬영할 때 주로 사용된다.

[그림 4-6] 지미집 촬영 모습

(8) 달리

간단히 말해 카메라를 태워 이동할 수 있는 이동차 위에 카라를 세팅해서 만들어 내는 움직임을 말한다. 원래 달리(dolly)라는 말은 촬영 시에 피사체에 다가가거나 멀어지는 무빙 자체를 지칭하는 말이지만 카메라 장착 장비와 관련해서는 카메라의 이동을 매끄럽게 하기 위한 목적으로 바퀴, 혹은 레일을 이용할 수 있도록 고안한 장비를 지칭한다. 또한 바퀴 달린 보조물 혹은 카메라맨이 타고 있는 이동차 등을 통칭하기도 한다. 달리를 사용하면 직접 피사체에 다가가거나 멀어짐으로써 사이즈의 변화를 주기 때문에 팬이나 줌 기법보다 더 역동적인 화면을 얻을 수 있으나, 지반이 고르지 않아 도저히 수평을 잡을 수 없는 지형에서는 기대효과를 얻기 힘들다.

3) 필름 및 비디오테이프

(1) 영화 필름

영화용 필름의 기준은 35mm 필름이며, 1초에 24매로 촬영한다. 오늘날 영화에서 쓰이는 필름은 용도에 따라 종류가 많고 성능이 다양해 촬영에 따라 알맞은 필름을 선택하여야 한다. 촬영에 따라 네거티브 필름과 포지티브 필름으로 나뉘는데 그 차이는 퍼포레이션(perforation)에 있다. 네거티브 필름은 구멍의 양단을 둥글게 잘라 놓은 모양을 하고 있고, 포지티브 필름은 영사 수명관계로 구멍이 네 귀퉁이를 모가 나지 않게 약간 둥글게 잘라놓았다.

(2) 베타캠

1982년 소니에서 개발된 것으로 2분의 1인치 베타(beta)형 테이프를 사용하기 때문에 붙여진 이름이다. 녹화시간이 20분인 베타캠의 기능을 좀 더 향상시키고, 녹화시간과 오디오 채널의 숫자도 두 배로 늘려서 출시된 베타캠 SP 방식은 아날로그 베타라는 이름으로 쓰이고 있다.

[그림 4-7] 베타캠

(3) 디지털 베타캠

1994년에 소니에서 발표한 것으로 아날로그 방식의 테이프와 외관은 비슷하나 영상 신호를 디지털로 기록하는 매체이다. 베타캠 포맷에는 오디오 채널 2개가 별도로 있으나 디지털 베타캠에는 비디오 트랙 사이에 오디오 트랙이 있다. 아날로그 베타캠은 흑색의 외관을 갖고 있으며 디지털은 아래 그림과 같은 파란 외관을 갖고 있다.

[그림 4-8] 디지털캠과 DVCAM 겉모습

(4) DVCAM/DV

DV는 영상을 8비트 4 : 1 : 1 표본화하고 DCT intra frame 방법으로 1 : 5 압축해 우수한 화질로 가정용, VJ, 아마추어 작가들에게 인기가 있다. DV의 데이터레이트는 25Mbps이다. 디지털 오디오는 12bit 32Khz 모드로 4채널, 16bit 48Khz 모드로 2채널을 기록한다. mini DV는 표준모드로 60분을 기록하며 표준 DV 테이프는 최대 270분을 기록한다.

DVCAM은 DV 방식에서 한 단계 발전된 방식으로 1996년 소니에서 가정용 DVC 포맷을 기본으로 테이프 주행속도를 1.5배 빠르게 해 업무용 DVCAM을 발표했다. 4 : 1 : 1 샘플링이 4 : 2 : 0 샘플링으로 바뀌었고, DV 방식의 데이터 트랙의 폭이 10mm인 데 비하여

DVCAM은 그 폭이 15mm로 바뀌었고, 테이프의 주행속도는 50% 더 빠르다(28.2mm/sec). DV가 가정용 표준으로 개발된 데 비해 DVCAM은 업무용 영역을 염두에 두고 개발되었다.

[그림 4-9] DV/DVCAM 테이프

(5) DVC Pro

1995년 파나소닉에서 가정용 DVC 포맷으로 개발한 것으로 베나캠보다 우수한 화질과 소형 경량화된 캠코더로 뉴스 취재용으로 각광받고 있다. 테이프의 주행속도는 DV보다 빠른 33.8mm/sec이고, 표준화 주파수는 4 : 2 : 2로 해 1 : 3.3 압축으로 화질을 개선하고 오디오는 4채널로 확장하였다. 또한 DV에서 반복되는 복사 시 일어나는 색 번짐 현상을 개선하였고 선형 편집(Linear Editing) 시 유용하게 사용될 수 있도록 하였고 가정용 DV 테이프가 재생 가능하다는 장점이 있다. 최근에는 HD 방식인 DVC Pro HD와 DVC Pro HD EX로 발전하여 현재에 이르고 있다.

(6) HDCAM

HDTV 시대에 맞춰 소니에 의해 새롭게 개발된 HD 제작 디지털 테이프로, 3 : 1 : 1 녹화 방식에 1080i 해상도로 4채널 오디오를 사용할 수 있다. 최근에는 HDCAM보다 저장용량이 많고 저장속도가 빠른 HDCAM-SR포맷도 등장하고 있다.

[그림 4-10] HDCAM 테이프

(7) HDV

고선명 비디오 녹화 포맷이며 MPEG-2 압축을 사용하여 HD 콘텐츠를 DV나 미니DV 테이프에 기록한다. HDV 규격에는 720p(프로그레시브) 방식과 1080i(인터레이스) 방식이 있다.

[그림 4-11] HDV 테이프

2. 촬영의 기초

1) 화면 구성과 구도

화면 내의 시청자자들의 시선을 유도하고 이야기를 전개시키기 위해 생각해야 하는 것이 화면의 구성과 구도이다. 구성이란 하나의 화면(shot)에 포함되는 전체적인 내용을 말한다. 또한 구도는 그것을 화면상에 어떻게 자리매김하느냐 하는 것이다. 영상을 촬영할 때 구도를 잘 활용하면 인물의 다양한 심리 변화를 표현할 수 있으며, 이야기의 흐름을 나타낼 수 있고, 공간감과 원근감을 전혀 다르게 표현할 수도 있다.

구도를 생각하면 사진, 건축물, 미술 등에서도 흔히 말하는 황금분할을 떠올린다. 황금분할은 고대 그리스시대부터 나온 개념으로서 시각적으로 가장 아름다운 비율을 주는 것으로 알려져 왔으며, 건축이나 도형, 회화 등에서 아주 오래전부터 적용시켜 왔던 개념으로 1.618 : 1의 비율을 갖는다. 이러한 황금분할은 영상구성에서도 시각적 요소로서 화면구성 시 균형과 대비를 적절하게 표현하기 위한 수단으로 이용된다. 3분할 선상의 교차점에 위치한 피사체는 역동적으로 시청자의 시선을 이끌면서도 운동감과 동시에 안정감을 느끼게 해주는 비대칭 화면구성이 이루어지게 된다. 황금분할에 맞게 화면 속 피사체를 안정감 있게 찍기 위해서는 보통 전경을 3등분한 후, 촬영하고자 하는 대상과 주변을 2 대 1의 비율로 배치한다. 즉 먼 원경의 경우 수평선은 2분의 1에 넣는 것보다 3분의 1 지점 혹은 3분의 2에 배치하는 것이 좋다고 한다.

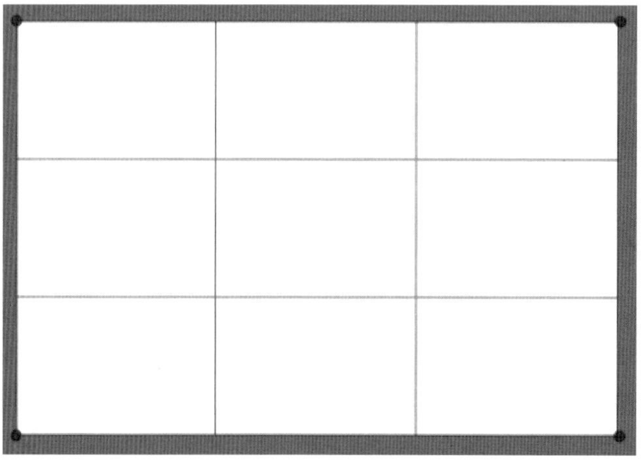

[그림 4-12] 3분할

2) 피사체의 배치

이때 화면 안에서 주된 피사체를 화면의 어느 부분에 배치시킬 것인가 하는 것도 중요한데, 피사체를 화면의 한가운데 배치하면 전체적으로 안정된 느낌을 갖게 되나, 피사체를 화면의 어느 한쪽으로 쏠리게 배치하면 무게의 중심은 그 피사체 쪽으로 옮겨져 심리적인 주목성이 커지게 된다. 그러나 동영상은 하나의 장면으로 만들어지는 것이 아니기 때문에 안정적인 화면 중심 형이나 대칭적인 화면 구성보다는 어느 한쪽으로 치우쳐 배치한 것이 좀 더 시청자의 시선을 주된 피사체 쪽으로 집중시킬 수 있다. 또한 이러한 비대칭적 배치는 이어지는 샷의 연결을 통해 전체적인 중심으로 잡아나게 되어 큰 틀에서 보면 역동적이면서도 안정적인 운동감을 느끼게 해준다.

또한 프레임 내에 피사체를 배치할 때 황금분할 이외에도 안정적인 화면을 만들기 위해서는 지켜야 하는 것들이 있다. 인물을 촬영할 경우 인물의 시선에 일정 부분 공간을 만들어 안정적으로 보이게 하는 노즈 룸과 인물이 움직일 때 움직이는 방향으로 공간을 만들어 주는 리드 룸 그리고 머리 상단부에 여유 공간을 주는 헤드 룸이 있다. 노즈 룸과 리드 룸과 헤드 룸이 너무 없을 경우 답답함을 느끼게 되나 또한 너무 많은 경우에는 어색하게 보이게 된다.

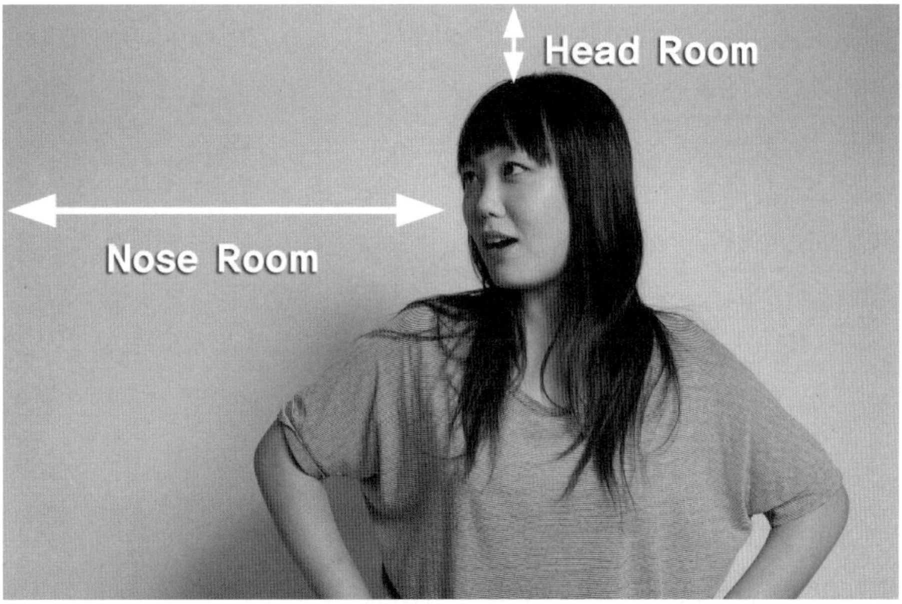

[그림 4-13] 헤드룸과 노즈룸

[그림 4-14] 움직임이 있을 때 생각해야 하는 리드룸

3) 카메라의 구조

(1) 카메라의 기록방식과 구조

카메라는 렌즈를 통해 포커스를 조정하고 조리개를 이용해 빛의 밝기를 조절한 다음 빛의 색상을 판단하여 최종적으로 CCD에 상을 맺는다. 그리고 CCD는 이렇게 하여 맺힌 상의 정보를 전기적인 신호를 바꾸어 기록하고 송출하는 시스템으로 되어 있다.

비디오카메라의 종류는 다양하여 기종마다 다르지만, 기본적인 구조는 렌즈부, 광학부, 결상부, 오디오부, 기록부, 뷰파인더부로 이루어져 있다.

① 렌즈

카메라가 대상을 기록하는 첫 번째 통로로 조리개를 통해 빛이 들어오는 양을 조절해 주는 역할을 한다. 렌즈는 피사체가 반사하는 빛을 받아들이고, 포커싱을 통해 정화하고 또렷하게 상이 맺도록 한다.

② 광학부

빛의 성분 중 기본 색상인 R(Red), G(Green), B(Blue)의 3가지 성분을 추출하는 역할을 한다. 준업무용급 이상의 카메라는 빔스플리터(beam splitter)라고 부르는 빛의 3원색 분리기를 이용해 3개의 CCD에 각각의 성분을 기록한다.

③ 결상부

렌즈를 통해 들어온 빛이 상을 맺는 곳을 말한다. 영화용 카메라는 필름에 비디오카메라는 CCD라는 곳에 상이 맺히는데 CCD는 이렇게 저장된 이미지에서 빛의 강약을 전기 신호로 강약으로 변환시켜 신호로 기록하고 출력한다. 최근에는 CMOS라고 하는 저렴하고 고품질의 결상매체도 많이 보급되고 있다.

④ 오디오부

비디오카메라 영상, 마이크를 통해 들어온 소리를 전기 신호로 변환하여 출력시킨다.

⑤ 기록부

전기 신호로 변환된 영상 신호와 음성 신호를 카메라 안의 테이프에 기록, 저장한다. 최근에는 하드 디스크에 디지털 신호로 저장시킬 수 있는 새로운 카메라도 많이 개발되었다. 뷰파인더는 CCD와 마이크를 통해 들어와 테이프에 기록되는 전기 신호는 동시에 뷰파인더로 공급된다.

⑥ 뷰파인더

촬영되는 영상을 볼 수 있으며, 촬영 후에도 촬영된 영상을 확인할 수 있다.

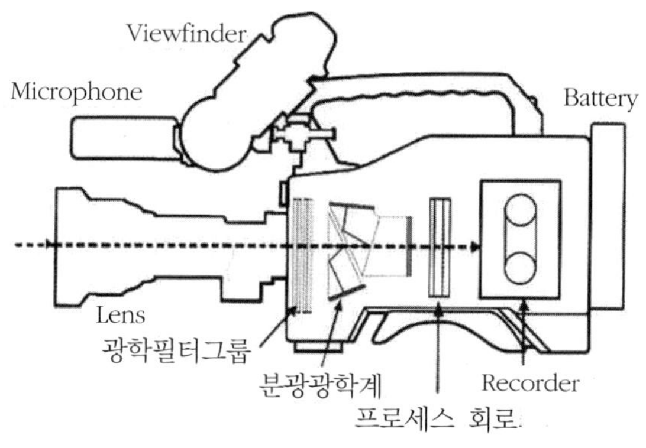

[그림 4-15] HD 동영상 카메라의 구조 (한성수, 2006, p.146)

(2) 렌즈

렌즈는 인간이 사물을 보는 방식과 다른 방식으로 사물을 기록하기 때문에 렌즈의 특성과 기록하는 방식을 알아두는 것이 좋다. 우리는 실제의 어떤 공간에서 사물을 볼 때는 사물을 보는 범위를 화각, 사물과 다른 사물의 공간적인 거리감을 원근감, 사물이 움직일 경우에 느끼는 속도감을 운동감 그리고 어떤 사물에 주목할 경우 포커스가 맞는 범위를 피사계 심도라 말한다.

① 초점거리

렌즈의 중심 주점과 상이 맺히는 결상면까지의 거리를 초점거리라 한다. 주점이란 카메라의 렌즈는 한 개의 낱장의 렌즈로 만들어진 것이 아니라 실제로는 여러 가지 굴절률을 가진 볼록렌즈와 오목렌즈들이 십여 장 이상 어우러져 만들어진다. 그 때문에 초점을 정의할 때는 이렇게 두 장 이상으로 구성된 렌지의 중심점을 주점이라 하며 이 주점과 결상면까지의 거리를 초점거리라 부른다. 렌즈를 초점거리에 따라 구분할 때 표준렌즈와 망원렌즈, 광각렌즈가 있다. 표준렌즈는 결상매체(필름 또는 CCD)의 대각선 길이와 비슷한 초점거리를 가진 렌즈를 말하며, 결상매체의 대각선의 길이보다 짧은 초점거리를 가지는 렌즈를 광각렌즈, 긴 초점거리를 가진 렌즈를 망원렌즈라고 한다. 이런 초점거리로 인해 4가지 요소가 다르게 표현된다.

② 화각

화각이란 카메라의 결상면에 기록되는 화면의 범위를 말하는 것으로, 렌즈의 화각은 초점거리가 길어질수록 좁아지며, 초점거리가 짧아질수록 넓어지게 된다. 즉 표준렌즈로 특정거리에 있는 인물의 전신을 잡을 수 있다고 가정할 경우에 망원렌즈를 사용하면 화각이 좁아져 인물의 허리나 가슴 윗부분만을 화면에 가득 채울 수 있고, 광각렌즈를 사용하면 인물의 전신보다 더 넓은 부분까지 담을 수 있게 된다.

③ 원근감

원근감이란 우리가 사물을 볼 때 실제적으로 느끼는 거리감을 말한다. 즉 사물이 우리 앞에서 어느 정도 떨어져 있는지 또는 가까이 있는지에 대한 느낌을 말하는 것이다. 렌즈는 초점거리가 다르면 원근감도 달리 표현되는데 표준렌즈는 인간이 느끼는 원근감과 비슷한 정도의 공간감을 표현한다. 망원렌즈는 공간감을 압축시켜 앞쪽과 뒤쪽에 있는 피사체를 매우 가깝게 표현하며, 광각렌즈는 공간감을 과장시켜 실제보다 멀리 떨어져 있는 듯이 보이게 된다.

④ 운동감

운동감이란 우리가 실제 느끼는 속도감을 말한다. 광각렌즈의 경우 원근감을 과장시키기 때문에 카메라에 다가오거나 멀어지는 피사체의 경우 속도감이 빠르게 느껴지며, 망원렌즈의 경우 공간감을 압축시키기 때문에 움직임이 느리게 보인다.

⑤ 피사계 심도

렌즈를 통과한 빛은 렌즈 축의 초점을 중심으로 이미지를 형성하는데, 피사체의 거리와 위치에 따라 이미지 각점들의 위치가 결정된다. 확실한 이미지가 형성되는 초점의 범위를 초점 심도라 한다.

피사체를 촬영할 때 초점은 영상 표현에서 매주 중요한 요소이기도 하다. 포커스를 맞춘 부분 이외에도 실제로는 포커스가 맞아 있지 않지만 포커스가 맞은 것처럼 보이는 범위를 피사계 심도라 한다. 이러한 피사계 심도의 범위가 넓을 경우 "심도가 깊다"라 표현하고 좁을 경우에는 '얕다'라고 표현한다.

[그림 4-16] 심도 비교

피사계 심도는 촬영 시에 특정 피사체에 초점을 맞추고 주변을 포커스 아웃상태를 만들어 피사체에게 시청자의 시선을 유도방법 등으로 영상보다 효과적으로 표현하기 위해 유용하게 쓰일 수 있다. 이런 피사계 심도는 조리개, 렌즈 초점거리, 카메라와 피사체와의 거리로 조절할 수 있다.

i) 조리개는 열수록 피사계 심도가 얕아지며 조일수록 깊어진다.

ii) 초점거리는 렌즈 쪽으로 갈수록 피사계 심도가 얕아지고 초점거리가 짧을수록 깊어진다. 피사계 심도는 초점거리의 제곱에 반비례하는데 초점거리가 반으로 줄면 심도는 4배로 깊어진다.

iii) 또 피사계 심도는 카메라와 피사체의 거리가 짧을수록 얕아지며 멀수록 깊어진다.

〈표 4-1〉 렌즈의 구성요소와 이미지 장치의 관계

렌즈의 구성요소	증감	기본 효과	피사계 심도
조리개값 (F)	증가	광량감소	증가
	감소	광량증가	감소
렌즈의 초점거리 (mm)	증가	화각축소	감소
	감소	화각확대	증가
피사체 거리 (m)	증가	원거리피사체	증가
	감소	근거리피사체	감소
이미지 장치 (인치, mm)	대	필름	소
	소	비디오	대

(3) 렌즈의 성격

① 표준렌즈

표준렌즈는 인간의 시각이나 거리감과 비슷한 특징을 갖으며 35mm 필름을 사용하는 카메라를 기준으로 대략 45~55mm의 초점 길이를 갖는다.

② 광각렌즈

광각렌즈는 표준렌즈보다 짧은 초점거리를 갖는데, 35mm 필름카메라를 기준으로 비교하면 초점거리가 35mm 이하인 28mm, 24mm, 20mm 등의 렌즈가 이에 속한다. 20mm보다 더 짧은 초점거리를 갖는 초광각렌즈는 어안렌즈(sheye lens)라고 하여 특수한 표현을 할 때 사용된다.

광각렌즈는 표준렌즈에 비해 찍히는 범위가 넓고 화각은 수평 화각 80도 이상의 범위를 담을 수 있으며 초점거리가 짧을수록 화각이 넓어져 좁은 공간에 피사체를 담거나 넓은 전경을 표현할 때 쓰인다. 광각렌즈는 피사계 심도가 다른 렌즈들에 비해 깊으며 포커스에 대한 부담감이 다른 렌즈에 비해 덜하여 넓은 화각에서 핸드 헬드 촬영 시 유리하다.

또한 원근감을 과장시키는 특징이 있으며, 원근감의 과장에 의해 카메라를 향해 다가오거나 멀어지는 피사체의 속도감은 실제보다 빠르게 표현된다. 피사체에 접근하여 촬영할수록 프레임의 좌우 면이 왜곡되어 표현되기도 한다.

③ 망원렌즈

광각렌즈의 반대 성격을 띠고 있는 망원렌즈는 35mm 필름카메라를 기준으로 할 때 50mm 이상의 초점거리를 갖는 85mm, 105mm, 200mm, 400mm 등의 렌즈를 말한다. 2,000mm 이상의 초망원렌즈도 있어 이 렌즈를 사용하여 조류 촬영이나, 먼 원경을 잡을 때 쓰이기도 한다. 망원렌즈의 화각은 25도로 좁은 범위를 표현하기 때문에 초점거리가 길수록 공간감이 실제보다 훨씬 가깝게 보이며 앞뒤의 피사체의 거리가 중첩되어 보이게 된다. 그리하여 움직이는 피사체의 경우 속도감이 떨어져 보인다.

화각은 좁아 흔들림에 매우 예민하며 다른 렌즈들에 비해 피사체를 크게 확대시킨다. 초점거리가 길어질수록 피사계 심도는 얕아지며 조리개를 같이 사용하면 극단적으로 얕은 피사계 심도를 구사할 수 있고, 멀리 있는 피사체만 고립시켜 촬영하거나 클로즈업 촬영에도 유용하다.

4) 카메라의 기능

카메라는 포커스와 화이트 밸런스 노출과 오디오의 음량을 자동으로 설정하여 촬영할 수 있다. 그러나 자동 기능은 촬영하는 데 제한적인 부분이 있기 때문에 상황과 표현에 맞게 수동으로 맞춰 촬영하는 경우를 위해 세부적인 기능을 알아두는 것이 좋다.

(1) 포커스의 조절

카메라의 오토 포커스 기능은 피사체의 콘트라스트나 위상의 차이를 검출하여 초점을 맞추는 방식과 카메라에 내장된 적외선 센서나 초음파가 피사체에 쏘여져 카메라의 센서로 돌아오는 시간이나 강도를 판단하여 초점을 추적하는 방식으로 구분한다. 최근 비디오 카메라는 이 두 가지 방식을 함께 사용하여 좀 더 정확한 초점 조절이 가능하도록 되어 있다.

그러나 예를 들어 두 인물과 같은 피사체를 촬영할 경우 어느 한쪽에서 다른 쪽으로 포커스를 이동시켜 관심의 대상을 조절해 주는 랙포커스(Rack Focus)라는 촬영 기법이 있는데, 이 같은 촬영은 수동 초점 조절을 하여야 한다. 이와 같이 오토 기능으로는 촬영에 한계가 있어 수동으로 조절하는 방법을 알아두는 것이 좋다. 또한 HD급 카메라로 촬영한 화면들은 미세한 초점 조절의 실패도 바로 드러나고, 포커싱이 잘못된 화면은 후반 작업에서도 수정이 불가능하기 때문에 포커싱 조절은 중요하다.

수동으로 초점을 조절할 때의 요령은 줌을 최대 망원으로 잡아 당겨 초점을 정확하게 맞춘 후 줌아웃을 하여 원하는 사이즈로 구도를 잡는 것이다. 광각렌즈로 촬영 시에는 피사계 심도가 깊어 대부분 초점이 맞아 보이지만, 포커스가 정확하게 맞지 않는 경우도 있으므로 포커스를 맞추는 습관을 들이는 것이 좋다.

(2) 화이트 밸런스

촬영을 하고 편집을 하려고 보면, 화면이 자신이 촬영했을 당시의 색의 온도감이나, 화면들마다의 색이 달라 난처한 경험을 한 번씩 겪게 된다. 이것은 화이트 밸런스 때문이다. 화이트 밸런스도 오토 기능이 있지만 오토 기능을 사용하다 보면 색온도가 서로 다른 광원이 섞이거나, 시간대에 만들어 내는 색감을 모두 노멀한 상태로 만들어 버리기 때문에 시 색온도감이 정확하게 재현하지 못하는 것이다. 이런 것을 대비하여 촬영 당시의 색상을 그대로 표현하기 위해서는 수동으로 화이트 밸런스를 맞춰 주는 것이 좋다. 예를 들면 어느 장소를 들어갔을 때 가게의 조명에 따라 옷의 색이 다르게 보이는 경험을 해본 적을 있을 것이다. 이것은 각기 가게의 조명마다 빛의 색이 다르기 때문이다. 빛은 색의 온도를 갖고 있다고 한다. 이런 색의 온도를 캘빈이라 하며 표지는 K로 하는데 보통 아침의 실외는 6,400K를 갖고 있고, 형광등은 56,020K, 텅스텐의 붉은 조명은 3,200K, 촛불은 1,500K를 갖고 있다. 카메라는 이런 빛의 온도에 영향을 받아 실외와 실내, 각기 다른 조명에서 흰색 종이를 찍었을 때 다른 색을 나타낸다. 이것을 수동으로 흰색을 그 빛의 온도에 맞게 맞춰 주는 것이 화이트 밸런스를 맞추는 것이다. 즉 카메라가 흰색을 흰색으로 표현할 수 있게 온도를 맞춰 주는 것이다.

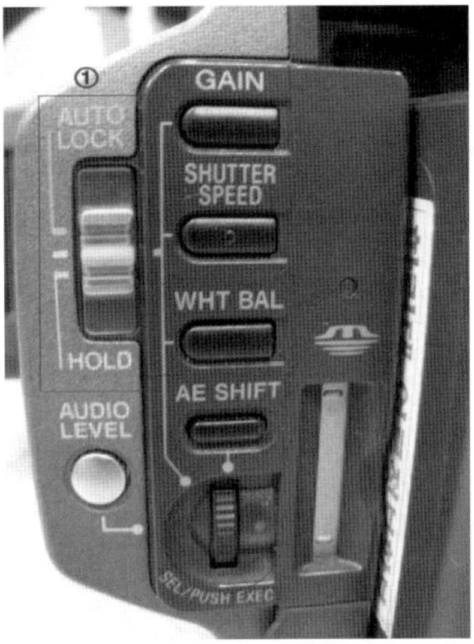

[그림 4-17] 오토 기능에서 수동 기능으로 바꾸기 위해 필요한 버튼

화이트 밸런스를 수동으로 맞출 시에는 위의 그림처럼 AUTO LOCK 모드를 해지하고 WHI BAL을 누르면 LCD 스크린이나 뷰파인더에 수동, 실외, 실내 모드가 나타난다. 조명 상태가 빠르게 변하거나 사진 스튜디오 또는 건물 내부 같은 별도의 조명이 있는 매우 밝은 장소를 촬영할 때에는 실내모드(-✧-)로 사용하며, 실외모드(✹)에서는 일출, 일몰, 불꽃 녹화 시나 일반적인 자연광 아래서 촬영할 때 사용한다. 만약 화이트 밸런스를 수동으로 조정하고 싶다면, 촬영 시작 전 흰색 종이나 화이트보드를 사용하여 뷰파인더 내에 최소 70% 이상의 면적을 차지하도록 잡은 다음 이런 (⛾) 마크상태로 놓고, 흰색 물체를 인식시켜 주며 조절하면 화이트밸런스가 현재의 빛 또는 조명 색에 맞게 맞춰진다.[1)]

이때 A4용지나 흰 도화지로 완전한 흰색에 맞추는 것이 중요하며 촬영 공간에서 주된 광선이 흰 종이에 잘 닿도록 하고 맞추는 것이 좋다. 또한 화이트 밸런스를 맞추는 종이나 화이트보드를 카메라를 향해 수직이 되도록 위치시키는 것이 중요하다.

(3) 노출 조정

구도와 포커스와 노출은 촬영의 기본 3요소로 불릴 만큼 중요한 역할을 한다. 일반적으로 노출은 렌즈의 조리개로 빛이 들어오는 양 조절과 셔터 스피드로 빛이 들어오는 시간

1) PD-150 매뉴얼.

조절 그리고 게인(gain) 조절, ND 필터로 빛의 양 조절을 한다. 카메라 촬영의 경우, 움직임이 있는 영상이므로 특별한 경우를 제외하고는 셔터스피드로 노출 조정은 별로 하지 않고 조리개와 게인, ND 필터를 사용하여 노출량을 조절한다.

① 조리개

조리개는 렌즈를 통해 들어오는 빛의 양을 조절하는 기구이다. 조리개 값은 F넘버라고 부르며 2, 2.8, 4, 5, 6, 8, 11, 16, 22 등으로 렌즈에 표시되어 있다. 숫자가 커질수록 빛이 작게 들어온다. 이 조리개 값은 노출뿐 아니라 피사계 심도에도 크게 영향을 미친다.

② 게인(Gain)

게인은 조리개를 완전히 개방해도 충분한 밝기의 빛을 확보할 수 없는 상황에서 사용한다. 게인은 데시벨 dB라는 단위로 사용되는데 카메라의 경우 +6dB마다 조리개를 한 스톱씩 열어 주는 것과 같이 작용한다. 하지만 게인을 사용한다는 것은 억지로 상을 밝혀 주는 것이므로 게인을 높이면 높일수록 노이즈가 증가된다.

일반적으로 NTSC 방식의 경우 9dB, HD의 경우 6dB까지는 노이즈를 그다지 알아차릴 수 없을 정도로 화질이 표현된다.

③ ND필터

ND필터는 카메라에 내장되어 있어, 빛이 가지고 있는 색상에 전혀 영향을 주지 않고 단순히 빛의 양만을 줄여 준다. 1/8ND, 1/16ND, 1/32ND, 1/64ND 중 2개 정도를 사용하며, ND필터의 숫자가 높아질수록 많은 양의 빛을 감소시켜 주므로 조리개 값과 연동하여 사용한다.

[그림 4-18] PD-150

(4) 그 외의 기능

① 역광 보정(Back Light) 기능

카메라의 옆면을 보면 역광 보정 장치가 있다. 간혹 촬영 시 해의 방향이나 조명에 따라 정면으로 강한 빛이 들어올 때가 있다. 이럴 경우에는 피사체가 어둡게 나오게 되는데 이 때 유용하게 사용할 수 있는 기능이 바로 역광 보정(Back Light) 기능이다. 역광 보정 장치는 어두운 피사체를 좀 더 밝게 촬영할 수 있도록 조리개를 열어 주어 많은 양의 빛을 받을 수 있게 해준다. 그러나 촬영 시 역광 기능을 사용 후 편집하려고 영상을 출력해 보면 촬영 시 뷰파인더에서 역광 보정 기능을 사용했을 때 화면보다 더 많이 빛이 들어와 밝은 부분의 피사체까지 더욱 밝아 있을 때가 있으므로 주의하여 사용하는 것이 좋다.

② 인터벌(Internal) 기능

인터벌 기능은 꽃이 피는 장면이나 일출 · 일몰 장면, 콘서트에 많은 사람들이 모이는 장면, 같이 오랜 시간에 걸친 미세한 변화를 빠르게 표현할 수 있게 해주는 기능이다. 이것은 고정된 상태에서 오랜 시간 촬영할 때 사용할 수 있는 기능으로, 카메라의 세팅 기능에 'INC.REC'를 설정해 촬영할 수 있다.

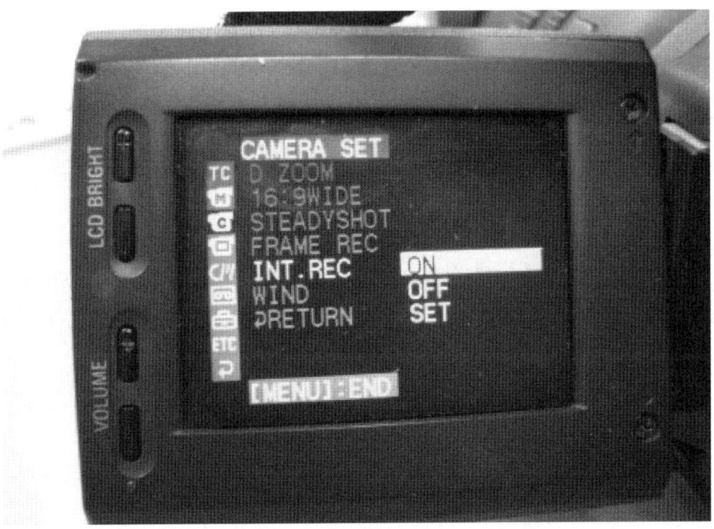

[그림 4-19] 메뉴에서 인터벌 세팅 모습

(5) 촬영 시 유의할 점

① 트라이포드를 사용한 촬영

트라이포드는 기본적으로 팬과 틸트를 구사할 수 있는 헤드(head)부와 트라이포드 헤드를 조작할 수 있는 팬바(pan bar), 트라이포드의 수평을 조절하기 위한 수평계 그리고 높이를 조절해 줄 수 있는 세 개의 다리로 구성되어 있다.

카메라를 트라이포드 위에 세팅한 다음에는 반드시 올바른 밸런스를 잡아 주고 가능한 트라이포드가 만들어 내는 삼각형이 피사체를 향해서 역삼각형의 꼴을 갖도록 설치하는 것이 좋다. 트라이포드를 사용하여 팬과 틸트를 할 때는 가능한 안정된 자세를 유지해야 한다. 팬을 하는 구도가 넓은 경우, 촬영 전에 미리 팬을 해보아서 팬이 끝나는 점을 확인하고 팬을 시작해서 끝나는 점까지 안정된 자세가 나올 수 있도록 자세를 잡아야 한다. 대게 팬이나 틸트는 끝나는 부분에 중요한 내용을 담는 경우가 많으므로 마지막 자세가 편안한 자세로 유지될 수 있도록 해야 한다.

② 핸드 헬드 촬영

트라이포드를 사용하지 않고 직접 손에 들고 촬영하는 것을 핸드 헬드 촬영이라고 하는데, 이때 고정되어 찍는 것이 아니기 때문에 다양한 각도, 다양한 카메라 워킹으로 다양한 느낌의 화면을 찍을 수 있는 장점이 있다. 하지만 조작이 적절치 못해 흔들림이 지나치게 되면 집중력과 거부감을 갖게 하므로 안정된 자세와 균형, 움직임 시에는 보행법 등에 주의하여야 한다.

핸드 헬드 시에는 팔은 옆구리에 붙여 흔들리지 않도록 지지해야 하며 손목은 긴장을 풀어 카메라를 완벽하게 받쳐주도록 하며 다리는 어깨 정도의 넓이로 벌려 자세가 오랫동안 유지될 수 있도록 한다. 또한 호흡은 숨을 들이마신 상태에서 가능한 억제하거나 짧게 끊어 뱉어 흔들림을 최소화시켜 주도록 한다. 이동하면서 촬영을 할 때에는 무릎을 약간 구부려 주면 걸음걸이에 의한 충격을 좀 더 약화시켜 줄 수 있고 팬이나 틸트를 할 경우에는 허리를 이용해서 몸 전체를 회전시켜 촬영을 해주어야 한다. 핸드 헬드의 팬과 틸트 역시 마지막 끝점이 가장 중요한 내용을 촬영하는 경우가 많기 때문에 마지막 끝점에 촬영 자세가 안정된 자세가 나올 수 있도록 하는 것이 좋다. 또한 수평과 수직이 똑바른지 보는 것 또한 잊지 말아야 한다. HD의 경우 4 : 3보다 확장된 16 : 9 화면이어서 수평의 기울어짐이 더욱 눈에 띄기 쉬우므로 절대 잊지 말고 촬영 시 주의해야 한다.

③ 이동 숏을 구사할 때 주의할 점

모든 샷의 움직임을 시작하는 시점과 끝나는 종착점에서 반드시 5초 이상의 고정 샷을 만들어 주는 것이 기본이다. 시작점은 배경 또는 동기를 설명하여 주며 종착점에서는 결과에 대해 보여 주기 위한 시간이기도 하므로 5초 이상의 고정 샷을 만들어 주는 것이 좋다. 편집 시 불필요하게 느낄 경우, 이동 샷 부분만 잘라 정지 샷만 사용할 수도 있기 때문이다.

또한 촬영 전 가능한 한두 번 정도 무빙 테스트를 해보고 적당한 구도를 파악하여 시작점과 종착점의 화면은 가능한 완결된 구도를 갖춰 촬영하는 것이 좋다. 이동 샷을 구사할 때는 빛의 환경이 달라질 수 있으므로 노출을 조절하여 균일한 노출을 갖도록 하여야 한다. 넓은 원경 때는 전체 화면의 톤 밸런스를 위주로, 인물일 경우 스킨 톤에 주의하여 노출을 결정하여야 한다. 또한 초점은 촬영 후 보정할 수 없는 부분이므로 이동 샷의 경우 초점이 수시로 변하므로 초점을 확인하여 촬영하는 습관을 들여야 할 것이다.

(6) HD

HDTV는 화면비율 및 시청거리가 크게 개선되었고, 이는 4 : 3 비율의 방송보다 긴장과 집중도를 높여 주는 특징을 띠며, 기존의 SDTV보다 해상도가 크게 개선된 특징을 갖고 있다. 또한 색 재현이 우수하며, 음향이 48Hz의 샘플레이트로 기록되기 때문에 고품질의 음향 해상력을 제공하는 특징을 갖고 있다. 1964년 일본에서 아날로그 TV의 정확하지 않은 색감 표현, 선명도나 세밀한 표현력 부족과 NTSC 방식의 부적합한 문제점을 개선하기 위해 개발되었다. 초기는 15 : 9의 화면 비율을 가진 아날로그 방식 Hi-Vision에서 발달되었다. 개발 초 자국의 이익을 보호하려는 국제적 반대와 방송 서비스에 너무 큰 대역폭의 문제로 국제 표준화에 실패하였고 1980년 초 연구단계에 CBS와 NHK 등 일본의 주요 기업들은 1,124 해상도의 아날로그 HD 제작표준을 SMPTE에 요구해 아날로그 HD 표준을 승인받았다. 유럽에서는 1986년 본격적인 HDTV시스템을 시작했고 미국에서도 1980년 중반에 EDTV(Enhanced-Definition Television)와 HDTV를 개발하였다. 그러나 이러한 것들은 아날로그시대의 산물이었으며 이 후 미국에서 대연합 ATV(Grand Alliance ATV) 방식으로 통합된 HDTV 기술표준안을 마련하여 ATSC(Advanced Television System Committee)에 제출하였고 미국연방통신위원회(FCC)가 1996년 이것을 승인함으로써 본격적인 디지털 TV시대가 시작되었다. 결과적으로는 일본에서 그 원형을 개발하고 현재 사용되는 HDTV의 기술적 규격은 미국이 완성한 것이다. 현재 우리나라의 디지털 전송은 미국의 ATSC 방식을 따르며, HDTV는 1080/60i 방식으로 송출되고 있다.

HDV(High Definition Video)규격으로는 1080i 방식과 720p 방식이 있는데, 영상의 압축에는 MPEG-2 Video를 기반으로 영상 이미지를 일정 구간마다 그룹화하여 압축하는 인터프레임 압축(inter-frame compression)을 한다. 이것은 DVD 비디오와 수많은 TV 방송사에서 쓰이는 압축방식과 같으며 HDV가 다른 HD 녹화 포맷에 비해 높은 데이터 속도를 가지고 처리할 수 있게 도와준다. 음성의 기록에는 MPEG-1 Audio Layer II라고 하는 음악 CD와 동일한 음질의 형식을 이용하였다.

HDV와 DV와의 프레임 사이즈를 비교하면 DV는 720×480, HDV 720p는 1280×720, HDV 1080i는 1440×1080이라는 사이즈가 된다. 프레임 사이즈는 클수록 고정밀이 되므로 사이즈로 말하면 HDV 720p보다 HDV 1080i 쪽이 고정밀이라고 볼 수 있다. 그러나 인터레이스 방식과 프로그레시스 방식의 차이는 분명이 있을지 모르나 프레임 사이즈가 중요하게 여겨지는 부분도 없지 않음을 일단 주시해야 한다.

〈표 4-2〉 DV 규격과 HDV 규격의 비교

	DV 규격	HDV 규격	
포맷	DV	HDV 720p	HDV 1080i
영상 신호 프레임 레이트	480 60i	720 60p, 30p	1080 60i, 50i
화소수	720×480	1280×720	1440×1080
화면비율	4 : 3(16 : 9)	16 : 9	
영상압축방식	DV	MPEG-2 Video	
압축 후 비트레이트	약 25Mbps	약 19Mbps	약 25Mbps
음성압축방식	비압축	MPEG-1 Audio Layer Ⅱ	

편집과정에서 보다 정교한 편집이 가능하고 화질의 저하를 최소화할 수 있기 때문에 SD나 HDV에 비해 훨씬 선명한 화면을 보인다. 본래 고화질 영상 규격을 만들 때 HD 해상도는 1920×1080이었지만 초창기 HDTV를 생산할 때 이 해상도 수준으로 제품을 생산하려면 기술적인 면이나 원가 측면에서 현실성이 떨어졌기 때문에 1366×768 수준으로 해상도를 줄여서 제품을 출시하였다. 그래서 나중에 1920×1080 해상도를 지원하는 제품을 내놓을 때는 완전한 HD란 표현에서 'Full'이란 단어를 붙여 'Full-HD'라는 용어를 사용해 HD의 해

상도를 구분 짓고 있다.

HD 동영상에서의 해상도는 한 프레임이 얼마나 고밀도의 입자로 구성되어 있는지, 어느 정도의 영상 재현력을 가지고 있는지를 구분하는 단위가 되는데, 하나의 수평라인이 몇 개의 픽셀로 구성되어 있으며 한 프레임에 몇 개의 수평라인으로 구성되어 있는지를 가로 × 세로의 픽셀 개수로 표현한다.

현재 우리나라의 TV에서 사용하고 있는 아날로그 NTSC 방식의 경우에는 한 화면에 세로 줄로 525개의 라인이 주사되고 주로 유럽에서 사용되는 PAL 방식은 세로 줄로 625개의 라인이 주사되는데, HD 규격의 경우에는 1,080개의 라인이 주사된다.[2)]

HD 규격의 해상도에는 앞에 언급했듯이 해상도 1280×720에 순차주사방식인 720p와 해상도 1920×1080에 비월주사방식인 1080i, 해상도 1920×1080에 순차주사방식인 1080p가 있으며 각 포맷의 한 프레임에서 표현되는 화소 수는 다음과 표와 같다. 여기서 1080p가 1080i보다 같은 해상도임에도 화소 수가 높은 이유는 비월주사방식이 한 화면을 표현하기 위해 홀수 화면과 짝수 화면 두 개로 나누어 주사하기 때문이다.

〈표 4-3〉 포맷별 세부 사항

포맷	해상도	주사방식	화소 수	화면비	초당 프레임(Hz)
720p	1280×720	P 순차주사	1280×720 =921,600화소	16 : 9	24, 30, 60
1080i	1920×1080	I 비월주사	1920×1080/2 =1,036,800화소	16 : 9	30
1080p	1920×1080	P 순차주사	1920×1080 =2,073,600화소	16 : 9	24, 30

* P: 순차주사(Progressive Scanning): 주사선을 순차적으로 주사하는 방식
I: 비월주사(Interlaced Scanning): 주사선을 한 줄씩 건너뛰어 주사하는 방식

프레임 레이트(Frame Rate)는 동영상이 초당 몇 프레임의 이미지로 구성되는지, 초당 보이는 이미지의 수를 프레임 레이트(Frame Rate)라고 하는데 프레임 비율이라고도 하며 단위로는 fps(frame per second)가 사용되며 주로 주사방식 앞에 숫자로 표기한다. 영화제작용 35mm 필름의 경우 초당 24프레임(24fps)으로 구성되고 텔레비전 시스템에서는 NTSC 방식

2) 한성수, 2006, pp.86~87.

은 30fps, PAL 방식은 25fps로 구성되는 60 또는 50개 필드의 비월주사방식을 사용하지만 HD 규격에서는 여러 가지 포맷에 따라 다양한 프레임 레이트로 구성된다. 현재 HD 규격의 대표적인 포맷의 프레임 레이트는 720p의 경우 23.98p, 24p, 25p, 29.97p, 30p, 50p, 59.94p가 있고 1080i의 경우 50i, 59.94i, 60i가 있으며 1080p는 23.98p, 24p, 25p, 29.97p, 30p가 있으며 각 방식의 특징은 다음 표와 같다.

〈표 4-4〉 프레임 비율별 특징

프레임비율	방식의 특징
24p	영화용 필름 카메라에서 사용하던 방식으로 1초에 24프레임을 생성, HD 방식으로 변환되어 여러 종류의 프레임 비율로 컨버팅이 가장 수월하여 멀티포맷의 기준으로 자리 잡았다.
25p	PAL과 SECAM 방식의 프로그레시브 방식, 1초에 25프레임 생성
30p	HDTV의 프로그레시브 방식, 1초에 30프레임 생성
60i	HDTV의 인터레이스 방식, 1초에 60필드 생성
60p	HDTV의 프로그레시브 방식, 1초에 60프레임 생성
50i	PAL과 SECAM 방식의 인터레이스 방식, 1초에 50필드 생성
59.64i	NTSC 방식의 인터레이스 방식
29.97p	NTSC 텔레비전 방송용의 프로그레시브 방식 NTSC의 인터레이스 방식의 경우 59.94i의 필드 비율로 주사되기 때문에 텔레비전 방영을 목적으로 하여 30p로 촬영하려는 경우 이 29.97p의 비율로 촬영하여 전환시켜 준다.
23.98p	24p 방식으로 촬영된 필름 소스를 NTSC 방식으로 변환할 때의 기록방식 24p의 원본 소스를 NTSC의 29.97프레임으로 변환시키기 위해 0.1% 느리게 재생시켜 23.98프레임으로 만들어 주며 이 23.98p를 이용하여 2 : 3 풀다운(Pull Down) 방식을 이용하여 29.97프레임으로 변환한다.

출처: 한성수(2006) 참고

제5장 촬영 II: 촬영기법

1. 주요 촬영용어

샷(shot)은 영화, 텔레비전 프로그램의 기본 구성단위이다. 연극에서 장이나, 막, 그리고 관현악에서 파트를 구분하는 것과 마찬가지로 영화나 텔레비전 프로그램에서는 신(scenes)이나 샷으로 나눈다. 샷은 촬영의 가장 작은 단위로 간주된다. 샷은 영상 제작의 구성에서 6개의 중요한 요소를 갖추어야 한다. 이 요소들은 프로그램에서 편집을 위해 필요하다. 편집은 샷과 신 전체를 결합하는 과정이며, 단어와 이미지와 사운드로 구성된 이야기 전개과정의 하나이다. 샷의 요소에는 동기, 정보, 구성, 사운드, 카메라 앵글, 연속성이 있다.

1) 사이즈에 따른 분류

(1) Extreme close up(E.C.U./대접사)

카메라가 피사체에 아주 가까이서 촬영한 느낌으로 매주 좁은 시야의 샷(shot)이다. 인물일 경우 전체보다 특정한 한 부분을 보여 주는데, 눈, 코, 입, 또는 꽉 쥔 주먹과 같은 특정한 한 부분을 과장되게 부각시켜 보여 주는 것으로 하나에 집중하는 샷이기 때문에 장면의 심도가 너무 작아서 초점 위치를 맞추기 쉽지 않으며, 선택도 신중해야 하는 샷이다. 강한 느낌을 전달하거나, 극단적 느낌을 표현할 때 종종 사용된다.

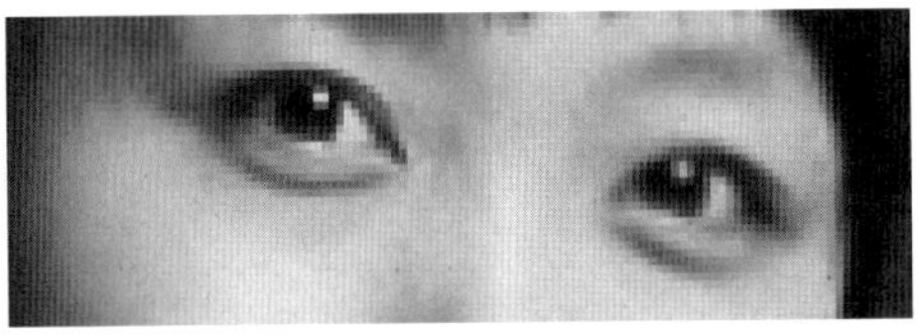

[그림 5-1] Extreme close up

(2) Close up(C.U.)

익스트림 클로즈업과 같으나 익스트림 클로즈업보다는 시야가 좀 더 큰 것으로, 사람의 머리와 어깨가 화면에 나타난다. 일상생활에서 이러한 프레임을 보기 위해서 보는 사람과 피사체가 매우 가까운 거리에 있어야 하므로 인물의 표정이나, 감정, 내면 심리 등 인물의 세밀한 감정이나 긴장감을 표현할 때 쓰인다. 드라마나 영화의 러브신이나 비밀을 속삭이는 장면, 혹은 화를 내는 장면 같은 상황에서 볼 수 있다.

[그림 5-2] Close up

(3) Medium shot(M.S.)

헤드룸의 크기는 표준이며, 인물의 허벅지 위 정도를 잡는 샷으로서, 인물의 행동이나 표정을 보여 줄 때 적절한 사이즈이다. 미디엄 샷은 롱 샷이나 풀 샷으로 보여 주었던 주변 상황과의 관계를 다시 한 번 보여 줄 때도 자주 사용된다. 간혹 니 샷과 웨이스트 샷,

바스트 샷을 포함해 미디엄 샷으로 설명하기도 한다. 이 샷에서는 화면구성상 움직임은 제한적이므로, 제한된 움직임을 하는 피사체에 많이 사용된다.

[그림 5-3] Medium shot

(4) Knee shot(American, Hollywood shot, Cowboy shot)

인물을 기준으로 카메라가 인물의 무릎부터 머리까지 잡은 사이즈로 풀 샷보다는 조금 더 인물에 집중도를 주며 인물의 움직임이 자유로운 사이즈이다.

[그림 5-4] Knee shot

(5) Full shot(Full figure)

인물을 기준으로 인물의 전신이 화면 가득히 잡히는 사이즈로, 피사체가 화면에 다 들어가게 잡는 샷을 말한다. 인물의 전체적 움직임을 나타날 때 적합하다.

[그림 5-5] Full shot

(6) Long shot(L.S.)

넓은 전체를 보여 주거나 피사체와 피사체를 포함한 배경을 한 번에 보여 줄 때 사용하므로 카메라는 피사체로부터 멀리 떨어져 있다. 배경이나 주위환경에 대해 강조할 수 있으며 피사체의 모습이 잘 보이기에 사람의 움직이는 동작에서 많이 사용된다.

[그림 5-6] Long shot

(7) Wide shot(W.S.)

시야를 넓게 갖고 보도록 구성된 것으로(x축: 시야가 넓게), 롱 샷보다는 좁은 의미다.

[그림 5-7] Wide shot

2) 앵글에 따른 분류

(1) High angle(부감)

피사체를 위에서 아래로 잡은 샷으로, 흔히 자신이 스스로 카메라로 찍을 때 자주 이용하는 앵글각도로 찍는다고 이해하면 된다.

[그림 5-8] High angle

(2) Aerial shot(공중화면)

비행기, 헬리콥터 등 비행수단이나 크레인을 이용하여 촬영하는 매우 높은 각도의 샷이다. 흔히, 산불 났을 때 뉴스에서 산 전체를 보여 주는 장면을 생각하고 이해하면 된다.

(3) Low angle(앙각)

피사체를 아래서 위로 잡는 샷으로 피사체가 카메라보다 낮은 곳에 위치해 촬영한다. 흔히 쇼 프로그램에 등장하는 연예인이나 스포츠 경기에서 입장하는 선수의 장면에서 사용하므로, 그 장면을 연상하여 이해하면 된다.

[그림 5-9] Low angle

(4) High hat shot

카메라를 아주 낮은 위치까지 내려서 위를 향하게 잡는 샷으로 거의 카메라를 바닥에 아주 가깝게 놓고 촬영한다.

[그림 5-10] High hat shot

(5) 3/4 shot

피사체는 누군가, 혹은 무언가 보고 있는 객관적 샷(objective shot)이다. 이것은 카메라는 다른 피사체를 응시하고 있는 피사체를 관찰하고 있기 때문이다. 정면 앵글과 프로필의 중간에 위치한 샷으로 앞쪽에서나 뒤쪽에서 모두 해당된다.

[그림 5-11] 3/4 shot

(6) Profile(반면상)

피사체를 카메라가 측면에서 촬영한 샷이다.

[그림 5-12] Profile

(7) Straight on(frontal)

피사체를 카메라가 정면에서 잡은 샷이다.

[그림 5-13] Straight on

(8) Over the shoulder shot(O.T.S.)

흔히 드라마에 자주 등장하는 샷으로 두 명이 대화를 할 때 한 인물의 어깨 뒤에서 다른 인물을 촬영한 샷이다.

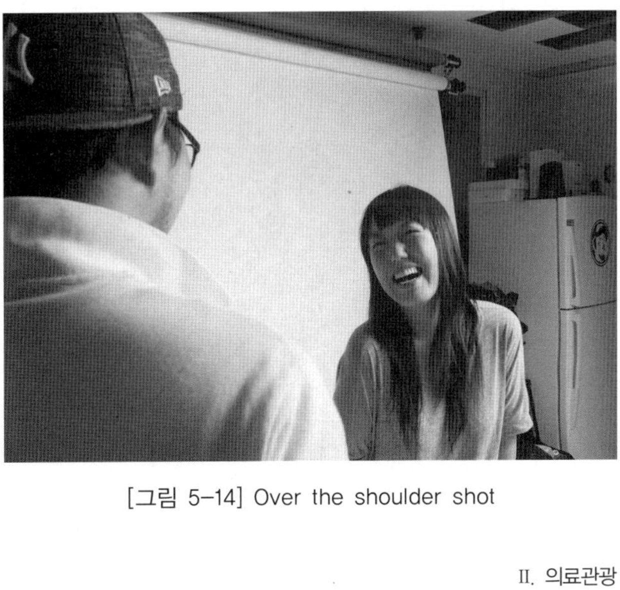

[그림 5-14] Over the shoulder shot

(9) Canted frame(사각화면)

경사앵글, 더치(dutch), 차이니즈(chinese) 앵글로 불리는데 피사체가 기울어져 보이는 샷으로 영화에서 폭력장면이나, 불완전한 심리, 술에 취한 장면을 보여 줄 때 흔히 볼 수 있다.

[그림 5-15] Canted frame

3) 화면구성에 따른 분류

(1) Single shot

한 사람만 등장하는 샷으로 원 샷이라도 한다.

[그림 5-16] Single shot

(2) Two shot

두 사람이 등장하는 샷이다. 보통 드라마의 두 사람의 대화 장면에서 많이 볼 수 있다.

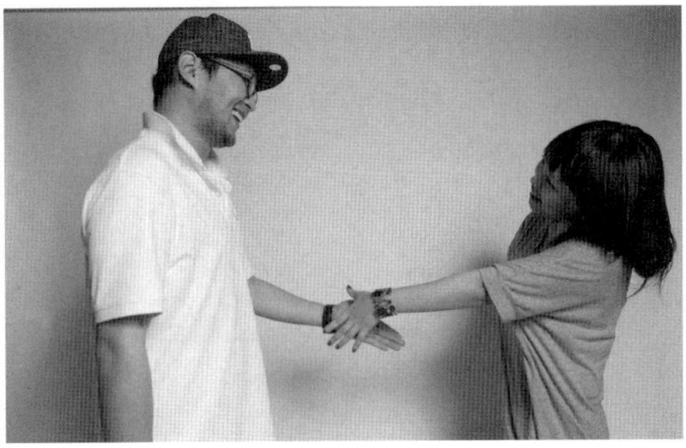

[그림 5-17] Two shot

(3) Group shot

세 사람이 등장하는 샷으로 여러 사람이 한 화면에 꽉 차 있는 장면을 말한다.

[그림 5-18] Group shot

(4) Insert

주로 클로즈업으로 지갑을 열거나, 주머니에 손을 꺼내는 장면 같은 커버리지에 놓친 장면을 보여 준다.

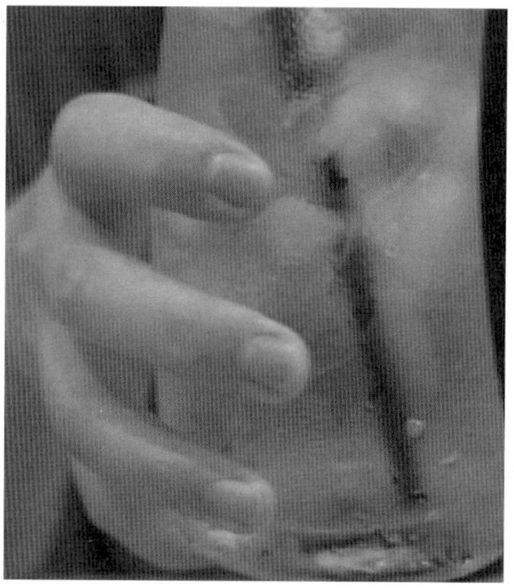

[그림 5-19] Insert

4) 편집, 전환, 카메라 시점에 따른 분류

(1) Objective shot

카메라가 객관적인 입장이 되어 화면 속 인물의 시점이 아닌 각도에서 촬영한 것이다.

(2) Subjective shot

카메라가 화면 속 인물의 시점에서 촬영하는 것으로 시점화면(point of view sot)을 말한다.

(3) Reaction shot

다른 인물이 하는 말이나, 소리를 들으면서, 혹은 보면서 화면 속 인물이 반응하는 모습을 보여 주는 장면으로 주로 인물 감정 표현을 나타낼 때 사용한다.

(4) Establishing shot

시청자에게 사건의 장소와 같은 기본적인 정보를 제공하는 장면으로 익스트림 롱 샷이나, 롱 샷으로 촬영하여 보여 준다.

(5) Master shot

한 장면이나 시퀀스를 구성하는 인물들의 공간관계를 위해 촬영되는 장면으로 Cover shot이라고 한다.

(6) Coverage

Master shot을 제외한 장면을 편집하는 데 필요한 모든 촬영 위치들을 말한다.

(7) Cut away

Master shot이나 이전 샷에서 보이지 않은 정보와 관련된 편집용어로 편집과정에서 감독이 의도적으로 숨기거나 장면 장면의 이음새를 해주는 장면을 말한다.

(8) Jump cut

동일한 피사체에 대한 두 샷이 연결될 때 쓰이나 부자연하게 연속되는 샷을 말한다. 또는 시간이나 공간의 흐름을 흩뜨리는 이어지는 장면을 말한다.

(9) Match cut(Match dissolve)

비슷한 장면이 다른 비슷한 장면으로 전환되는 것으로, 영화에서 주로 볼 수 있는데, 예를 들어 해가 나오는 장면에서 해가 집안의 둥근 조명으로 바뀌며 장면이 전환되는 것을 말한다. 이때 해와 둥근 조명은 같은 크기와 같은 위치에 있어야 자연스럽게 전환될 수 있다.

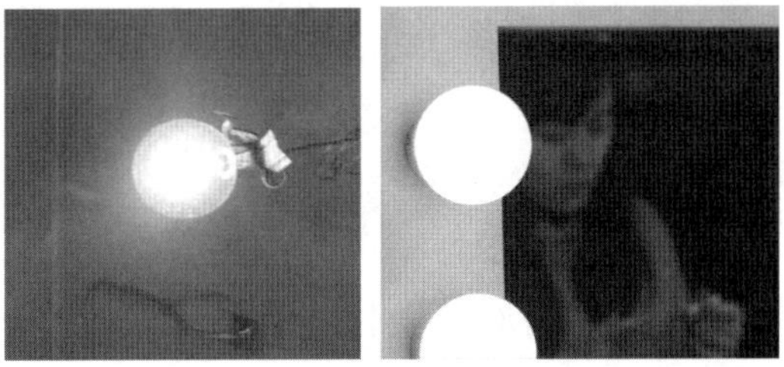

[그림 5-20] Match cut

2. 주요 카메라 촬영 기법

1) Static shot

어떤 샷이든 카메라를 움직이지 않고 촬영하는 것을 말한다.

2) Dolly shot

피사체를 앞으로, 또는 뒤로 따라가며 촬영하는 것으로 피사체의 움직임을 나타내기 위한 샷이다. 트래킹(tracking), 트럭킹(trucking)이라고도 불린다.

3) Pan

팬은 파노라마의 줄임말로 우리가 주위를 돌려 사물을 보듯 수평방향으로 회전하는 움직임을 말한다. 이는 이동하는 피사체를 화면 내에 계속 유지시켜 주거나, 한 화면에 다 보여 줄 수 없는 장면을 묘사하는 경우, 인간관계를 설명하는 경우, 시간과 공간의 이동을 상징적으로 표현하는 경우에 쓰인다. 보통 카메라를 수평에서 왼쪽에서 오른쪽으로 또는 오른쪽에서 왼쪽으로 촬영하는 것인데, 피사체의 움직임을 지속적으로 유지시키기 위해 피사체의 동작속도에 맞추어 수평방향으로 이동하는 것을 팔로우 팬이라 하고, 이때는 일정 부분 여유 공간을 두는 리드룸을 만들어 주는 것이 키포인트이며, 형태를 알아볼 수 없을 정도로 아주 빠르게 팬 하는 것을 스위스 팬이라 한다. 스위스 팬의 경우 장소나 시간이동, 다른 장소에서 동시에 벌어지고 있는 사건 같은 것을 상징적으로 표현할 때 장식적인 요소로 사용된다.

[그림 5-21] Pan(오른쪽으로)

4) Tilt

카메라가 트라이포드 위나 고정된 상태에서 위에서 아래로, 아래에서 위로 촬영하는 것이다. 아래에서 위로 촬영하는 것을 틸 업(tilt up), 위에서 아래로 촬영하는 것을 틸 다운(tilt down)이라 한다. 수직적으로 이동하는 물체를 팔로우하기 위한 용도나, 높은 건물을 보여주기 위한 용도 그리고 웃는 아이의 얼굴 다음에 틸 다운하여 손의 장난감을 보여 주는 것과 같은 원인과 결과 또는 반전과 같은 의미를 전달해 주기 위해 사용한다.

Tilt up(점점 위로)　　Tilt down(점점 아래로)

[그림 5-22]

5) Car Mount

차에 카메라를 붙여 놓고 찍는 샷을 말한다.

6) Zoom

카메라의 줌렌즈를 이용하여 피사체로 화각을 좁혀 들어가거나 또는 그 반대로 어떤 특정한 피사체에서 넓은 화각을 화면으로 빠져 나오거나 할 때, 화면 변화를 주어 촬영하는 것을 말한다. 다큐멘터리 등의 촬영에서 프로그램의 도입부나 신의 도입부 등에서 전체적인 내용을 소개하기 위해 종종 효과적으로 사용하고 있고, 또한 미세한 초점거리의 변화를 이용하여 구도를 유지하거나, 적당한 사이즈로 유지시키기 위한 용도 또는 정면이나 대각선과 같은 화면에서 움직일 때 팬과 함께 구사하여 피사체를 프레임 안에서 적당한 위치로 유지시키면서 피사체의 움직임 속도에 따라 처음 포착한 화면 사이즈를 일정 시간 유지시킬 수 있다.

[그림 5-23] Zoom in

7) Handheld

카메라를 직접 들고 촬영하는 것을 말한다. 시점화면이나, 다큐멘터리에서 사용되는 기법이다.

제6장 조명

조명이란 영상을 촬영하기 위해서 빛과 그림자를 인위적으로 조작하여 주변의 물체들을 효과적으로 지각하도록 하기 위한 것이라 할 수 있다. 조명은 촬영하고자 하는 장소를 밝게 함과 동시에 그 장소의 분위기를 연출한다. 조명을 통해 시간과 공간, 물체의 형태, 표면의 질감 그리고 주변 환경과의 관계를 알 수 있으며, 감정을 표현하는 심리적 기능도 지닌다. 이러한 기능은 그림자 제어와 깊은 관련이 있다.

1. 조명의 종류

1) 용도에 따른 분류

인물조명의 기본은 키 라이트(key light), 필 라이트(fill light), 백라이트(back light)로 구성되어 있다.

(1) 키 라이트

중심인물이 되는 피사체에 비추는 주 광원으로 다른 조명의 강도와 위치의 기준이 된다.

이는 카메라를 중심으로 수평 약 45도, 수직 약 30~45도에 좌우 어느 한 방향에 설치하면 된다. 피사체와의 거리가 너무 가까우면 눈부시게 되고 침대의 전등, 달빛 등 다른 기기의 불필요한 그림자가 생길 수 있으므로 조명기구의 반도어를 이용하여 빛을 차단해 그림자를 없앤다.

(2) 필 라이트

키 라이트에 의해 생기는 어두운 부분을 메우기 위한 조명으로 그림자를 부드럽게 하거나 세트나 배경의 어두운 부분과 움직임이 있는 부분 전체를 비춰 주는 보조 조명이다. 라이트는 반대쪽의 순광이나 측광이며 키 라이트보다 약간 낮게 비춘다.

(3) 백 라이트

피사체의 가장자리에 빛의 테두리를 형성하여 피사체의 윤곽을 드러내고 배경과 분리되는 느낌을 주는 조명으로, 입사각이 수직에서 30~45도가 적당하다고 한다. 강한 백 라이트는 입체감을 주는 효과는 있지만 작위된 느낌을 줄 수 있으므로 주의해서 사용한다. 백 라이트는 피사체 중심으로 뒤쪽 좌우측 중 키 라이트의 연장선상에 조명을 설치하는 것이 좋다.

(4) 베이스 라이트

인물과 배경을 포함하여 피사체 전체를 균일하고 밝게 비춰 주는 확산 조명으로 순광에서 측광까지 배치되고 키 라이트보다 낮게 배치된다. 카메라나 붐 마이크 조작이 허용되는 범위에서 낮게 내리는 것이 좋다고 알려져 있다.

(5) 터치라이트

터치라이트는 호리존트(바닥부터 천장까지 이음새 없이 만들어진 세트 벽면) 또는 세트를 강조하기 위해 만든 조명이다

(6) 호리존트 라이트

피사체 뒤에서 배경에 어떤 형태를 비추어 효과를 내는 조명으로 방송국 스튜디오 내에서 검은 천으로 무한 공간 또는 효과 조명을 하기 위해 벽면 주위를 비치는 색광 조명으로 많이 사용된다.

(7) 세트 라이트

키 라이트 등으로 하이라이트를 만들기 전에 촬영 장소 전체에 빛을 확산시켜 촬영 중 어느 곳에서도 노출이 부족한 곳이 발생하지 않도록 방지하는 조명으로 세트 전체를 균등하게 조명할 수 있고, 때에 따라서 부분적으로 강조할 부분만 조명을 할 수 있다.

2. 주요 조명기구

1) 텅스텐 조명기

텅스텐 할로겐(tungsten halogen) 램프를 사용하는 조명기기이다. 대형 스튜디오 형과 소형 베이비 형 두 가지 유형으로 나뉘어 생산되고 있으며, 일반적으로 베이비 형은 조명기 자체의 크기가 작다는 특징이 있다. 베이비 형 5k 조명기는 스튜디오 형 2k 정도의 크기이며 램프를 반사판과 렌즈의 중심에 위치시키는 소켓을 가지고 있으므로 현장 작업 시 매우 유리하다.

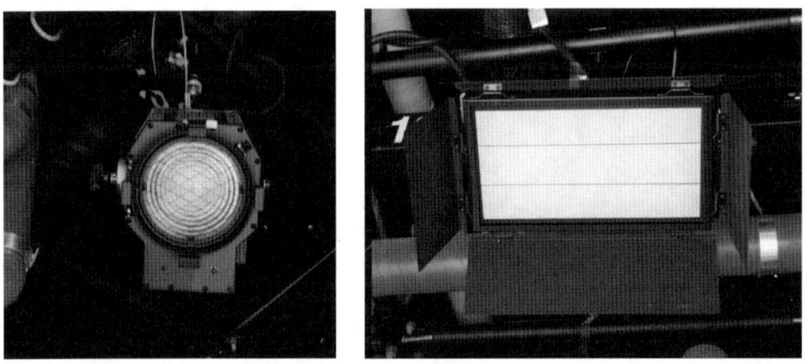

[그림 6-1] 텅스텐 조명기

2) HMI 조명기

HMI(halogen-metal0iodide) 램프를 사용하는 조명기기로 텡스텐 할로겐 조명기기에 비해 3배나 밝은 고효율성과 색온도가 일광과 일치하는 램프로 한낮에 5,600k의 색온도를 갖는 특징이 있다. 따라서 태양광을 인공적으로 설정하는 경우는 최소한 6K 이상의 대용량 HMI 조명기의 사용이 필수적이다. 낮 외부 촬영의 경우, 이러한 대용량의 조명기를 사용하면 일광과 균형을 유지할 수 있을 뿐 아니라 실크나 반사판을 사용하지 않고도 암부에 일광과 균형을 이룰 정도의 충분한 노출을 설정할 수 있다. 그리하여 일광 하에서도 콘트라스트 차이를 조정할 수 있는 효과적인 촬영이 가능하다.

3) 주피터 라이트

지향성 조명기기의 일종으로 일정한 부분에만 조명을 강조하거나 간단한 야외촬영 시에 많이 사용한다. 부착된 전구 수에 따라 2구, 4구 등으로 분류되는데 미니 블루 라이트라고도 한다. 다른 촬영 장비들에 비해 저렴한 구성이라는 것이 큰 장점이며 고광량의 지속광을 낼 수 있다는 장점이 있다.

4) 형광 조명기 혹은 키노

방송국과 영상 제작 등에서 광범위하게 사용되는 조명으로 부드러운 빛을 내며 디테일한 묘사를 낼 수 있는 휴대용 형광 조명 묶음을 말한다. 간단히 접을 수 있어 휴대가 용이하며 우리나라에서는 4피트 4뱅크와 2피트 4뱅크가 많이 사용된다. 이때 피트는 램프의 길이를 말하며, 뱅크는 램프의 수를 말한다. 형광 조명기는 열이 나지 않아 근접 인물조명이나, 눈가의 그림자를 지우기 위한 소형 필 라이트로도 흔히 사용된다.

3. 조명 조절기

조명은 조명기만으로 되는 것이 아니며, 조명의 상태를 조절하는 그립(grip) 작업이 병행되어야 한다. 이 작업은 영상의 질을 만들어 내는 과정 중에서 매우 큰 중요성이 있다고 할 수 있다. 다음은 그립 작업에 사용되는 장비들이다.

1) 버터플라이

사각의 프레임으로 되어 있으며 프레임 크기와 일치하는 반사용 천 내지는 분광용 실크, 빛 차단용 검은 천을 씌워 사용한다. 크기는 1.8m, 3.6m, 6.0m의 크기가 있으며 상황에 따라 틀을 만들어 쓸 수 있다. 버터플라이(butterflies)보다 큰 크기의 실크를 오버헤드(overhead)라 하며 이 역시 조립식으로 되어 있다. 현장에서는 분광용으로 가장 많이 쓰이고 있다.

2) 플래그와 커터

불필요한 광선을 차단하는 역할을 한다. 광선을 차단하기 위해 두꺼운 검은 천으로 되어 있으며 벨크로를 뜯어내어 2배의 크기로 늘어뜨려 사용할 수도 있다.

3) 스크림

플래그와 커터가 광선을 차단하는 반면에 스크림(scrims)은 광선의 양, 즉 광량만을 떨어뜨리는 역할을 한다. 사각의 프레임 또는 둥근 테에 그물 모양의 망을 씌어 놓은 것으로 보통 '네트'라고 부른다.

4) 다트와 핑거

정확한 조명 조절을 위해 필요한 작은 플래그와 스크림이라고 보면 된다. 좁은 공간이나 국소 부위의 조명 조절을 위해 필요하다.

5) 반사판

반사광(reflectors)을 이용한 조명도구로 야외촬영 때 스포트라이트나 태양광을 반사시켜 그림자 부분의 밝기를 보완한다. 반사광을 위해 반사율이 높은 은종이나 알루미늄 호일 또는 흰 헝겊 판이 쓰인다. 보통 '레프'라고 한다.

[그림 6-2] 스튜디오 촬영 시 반사판 사용 예

제7장 편집

1. 편집 시스템

편집에는 크게 선형(linear) 방식과 비선형(non-liner) 방식이 있다. 선형 편집은 기존에 테이프를 기록매체로 VCR, 스위처(switcher) 등을 이용하여 구성, 운용되는 시스템은 아날로그 포맷, 디지털 포맷의 편집을 말한다. 비선형 편집은 컴퓨터에서 영상, 음성 소스를 가지고 컴퓨터 프로그램에서 편집하는 것을 말한다. 선형 편집과 비선형 편집의 장단점을 몇 가지만 거론하자면 선형 편집은 녹화 후 바로 편집 작업을 할 수 있어 빠른 작업이 가능하다는 점, 소스의 양의 제한이 없다는 점 등이 장점으로 거론된다. 반면에 필요한 장면을 찾으려 할 때 되돌리기를 해야 하기 때문에 시간이 걸린다는 점 그리고 편집 본 수정 시 번거로움이 있다는 단점이 있다.

비선형 편집의 경우에는 녹화 중 필요한 장면이나, 원하는 위치로 빠른 이동이 가능하다는 점과 편집 시 손쉽고 자유자재로 효과와 편집이 가능하다는 점 그리고 다른 편집기와의 호환성으로 높은 퀄리티를 낼 수 있다는 장점이 있으나 컴퓨터로 작업하는 것이기 때문에 기록의 제한을 받는다는 점 그리고 데이터를 디지털로 옮기는 작업에 시간이 소요된다는 단점을 지니고 있다. 요즘은 방송국을 비롯하여 대부분 비선형 편집을 주로 쓰는 추세이다. 이 장에서는 비선형 편집을 중심으로 편집장비 및 프로그램 중 대표적인 프로그램의 사용법을 간단히 소개하기로 한다.

2. 편집장비

동영상 편집을 하려면 작업하려는 컴퓨터에 편집할 수 있는 적당한 사양이 갖추어져 있는지 먼저 살펴보아야 한다. 보통 쉽게 쓰고 많이 쓰이는 것이 IBM 컴퓨터에서 사용하는 Adobe사의 프리미어 프로그램이다. 프리미어는 현재 CS5까지 나왔으며, CS5는 윈도우7의 64비트에서만 사용할 수 있다. 그 이하 버전에서는 모두 구동이 가능하다. Adobe CS3 이상의 프로그램을 구동하기 위해서는 10GB 정도의 여유 있는 하드 공간과 32비트 비디오 카드, 1280×1024 해상도, CPU 가속을 위한 그래픽카드, 1GB 이상의 메모리를 가진 컴퓨터가 필요하다. 프리미어 프로 2.0 버전은 최소 사양을 요구하기 때문에 컴퓨터에 큰 부담을 가지지 않고 가볍게 사용하기 좋아 아직도 사용되고 있다. 또한 윈도우에서 많이 사용하는 다른 프로그램으로는 무비메이커와 Vegas Pro가 있다.

편집을 하기 위해 촬영한 영상을 컴퓨터로 옮겨야 하는데 이때 필요한 장비는 1394케이블이다. 1394케이블은 노트북과 데스크톱, 각자의 컴퓨터포트에 따라 모양이 다르므로 잘 보고 선택하여 사용하면 된다.

[그림 7-1] 컴퓨터 1394포트 부분과 카메라의 1394케이블 꽂는 곳

[그림 7-2] 1394 종류(자신의 컴퓨터에 맞는 1394를 선택하여 연결하면 된다)

카메라에서 컴퓨터로 촬영한 영상을 바로 추출할 수 있지만, 호환성과 편의성을 위해 데크를 사용하기도 한다. 데크에서는 DV/DVC 테이프가 모두 함께 사용할 수 있으며, HD 데크에서는 SD 테이프도 모두 인식하여 사용 가능하다.

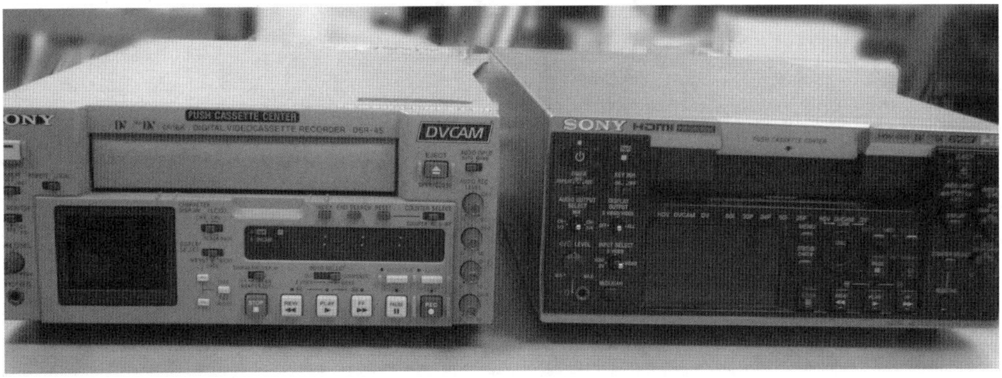

[그림 7-3] 왼쪽은 DV 데크, 오른쪽은 HD 데크(DV에서는 DV/DVCAM을 사용할 수 있고 HD 데크에서는 모든 테이프를 사용할 수 있다)

이 밖에도 현재, 방송영상 이외의 모든 영상들이 HD화를 이루고 있다. 이런 HD의 고용량 영상을 포스트 프로덕션이나 방송국에서는 애플사에서 나온 맥킨토시 컴퓨터를 이용하여 편집하고 있다. 맥킨토시 컴퓨터에서만 사용할 수 있는데, Final Cut이라는 프로그램이다. 이 프로그램은 고화질을 위한 편집 등 인터페이스 면에서 우수하다는 평가를 받고 있다.

1) Sony의 베가스

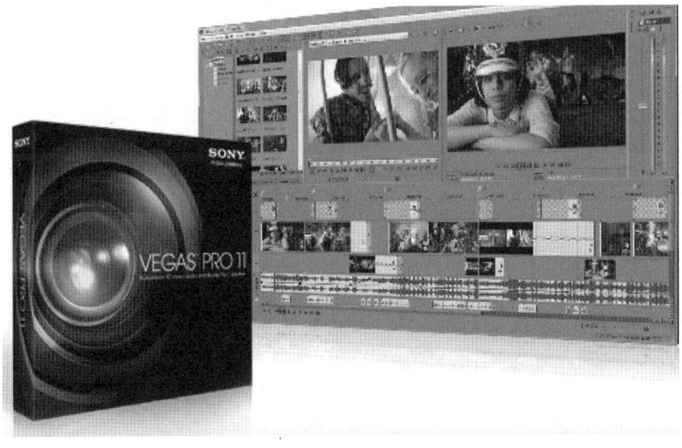

[그림 7-4] 2011년 베가스 11 버전 광고

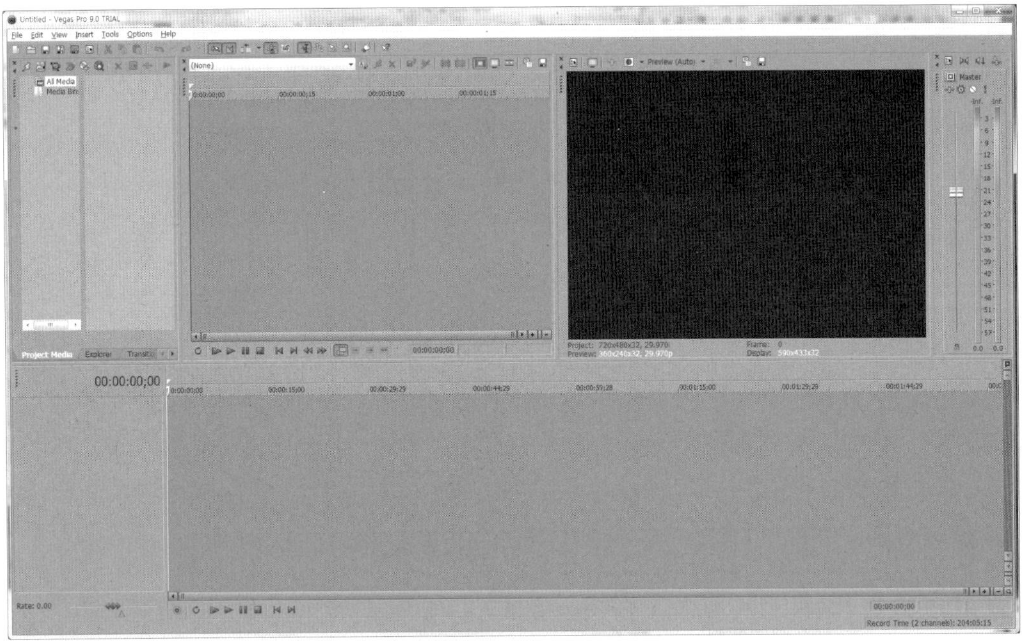

[그림 7-5] 베가스 9의 기본 화면

2) Apple Final Cut

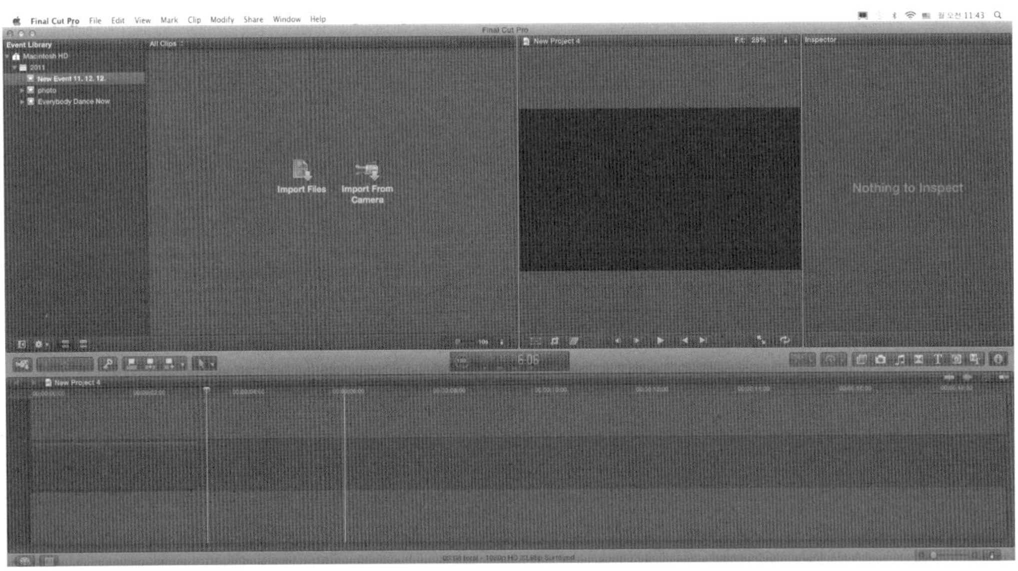

[그림 7-6] Final Cut 프로그램 실행 모습

3. 편집과정

동영상 편집이라고 하면 어렵게 생각할 수 있지만 툴(tool)이 그렇게 어렵지 않기 때문에 간단한 편집은 쉽게 익힐 수 있다. 특히 Adobe사의 제품을 사용해 본 사람이라면 조금 더 편하게 툴을 사용하고 있다.

동영상 편집과정을 간단하게 요약하자면, 다음과 같은 과정으로 압축해 설명할 수 있다.

i) New Project 만들기
ii) 영상에 맞는 시퀀스 선택
iii) 프로젝트 이름 입력
iv) 캡쳐 또는 영상 불러오기
v) 타임라인으로 가져와 자르고 붙이기
vi) 그 외에 필요한 작업하기(자막, 이펙트 주고 영상에 효과)
vii) Work Area로 작업 영상의 시작과 끝을 잡기
viii) Export

이러한 과정을 예시를 통해 더 자세하게 살펴보기로 하자.

1) 프리미어

(1) 프리미어로 편집하기

① 컴퓨터에서 프리미어 아이콘을 선택하면 다음과 같은 창이 뜨며 시작된다.

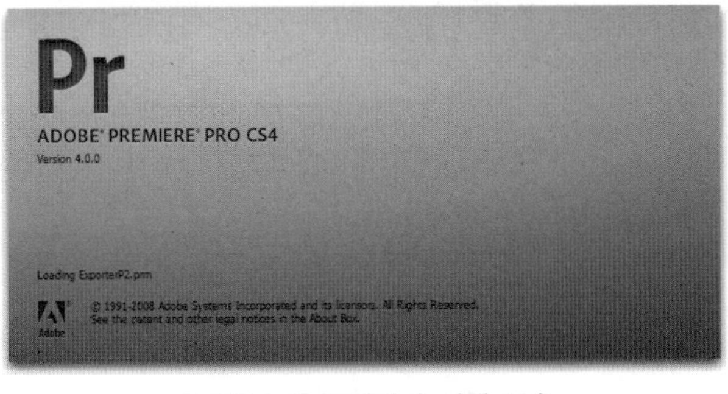

[그림 7-7] 프리미어 실행 모습

② 프리미어가 실행되면 다음과 같은 상자가 등장한다. 여기서 New Project를 선택한다.

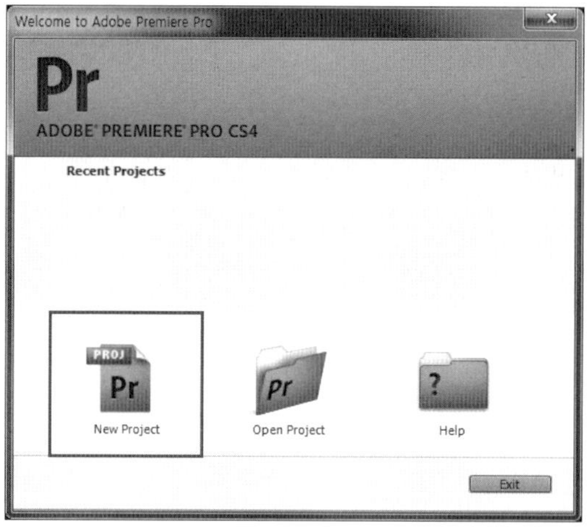

[그림 7-8] 프리미어 실행 시 첫 화면

③ New Project를 클릭하면 다음과 같은 창이 뜬다. Location은 저장 공간을 선택하는 것인데, 이를 자신이 원하는 공간으로 선택하고, 프로젝트 이름을 적는다. Scratch Disks 탭에서는, 캡처 받는 장소와 같은 세부 공간을 확인, 변경할 수 있다.

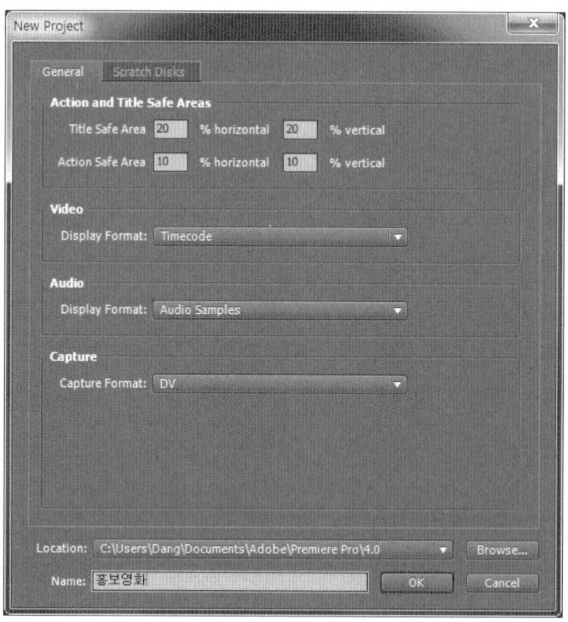

[그림 7-9] New Project 설정 화면

④ 작업환경을 설정하는 대화상자 New Sequence가 뜬다. 기본적으로 DV-NTSC의 프리셋 폴더가 열려 있지만, 자신의 영상에 맞춰 프리셋을 선택하고 시퀀스 이름을 설정해 주면 된다.

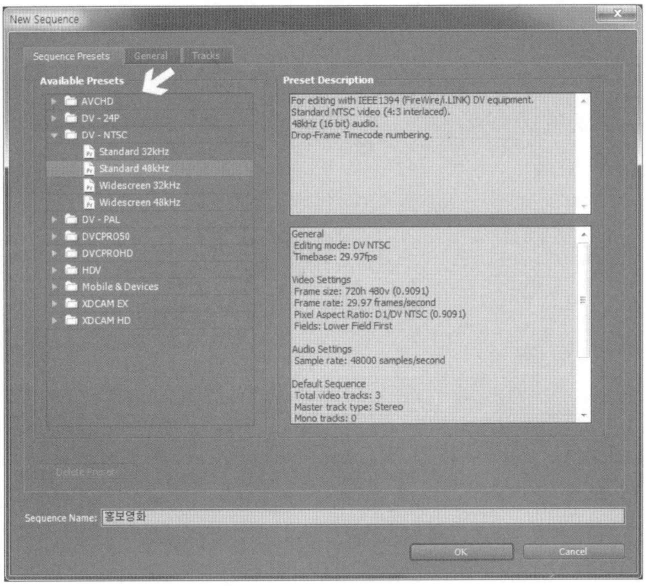

[그림 7-10] New Projet 설정 화면

⑤ 설정이 끝나면 다음과 같은 작업공간이 나타난다. 다음이 프리미어 기본 구성이다.

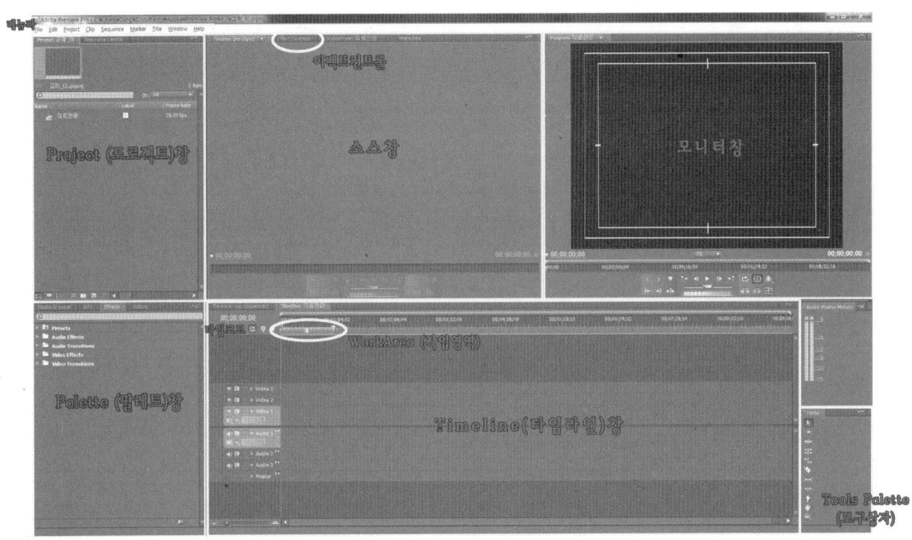

[그림 7-11] 기본 구성

⑥ 촬영한 영상이 있다면 F5 또는 File → Capture로 캡처를 받고, 작업영상을 불러오려면 File → Import, 또는 프로젝트 창에서 더블 클릭을 하면 된다.

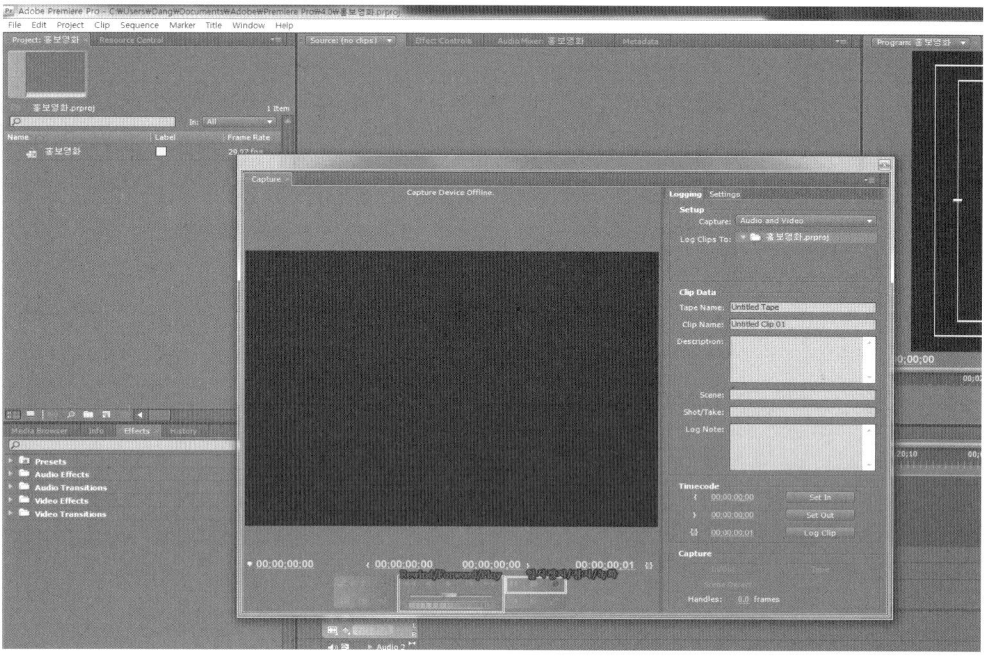

[그림 7-12] 캡처 화면

현재, 그림은 활성화되지 않은 모습이지만 카메라와 연결이 되면 활성화되고 녹화버튼은 빨간색으로 보인다. Settings 탭에서 녹화되는 파일의 저장 위치를 확인, 변경할 수 있다. 캡처 시 단축키로 J는 Rewind, L은 Paly, K는 정지 또는 Forward이다.

[그림 7-13] Import 창

⑦ 영상 캡처가 끝나거나, 영상 파일을 불러오면 Project 창에 영상이 추가된다. 동영상을 편집하기 위해선 프로젝트 창의 영상을 다음 그림과 같이 드래그한다.

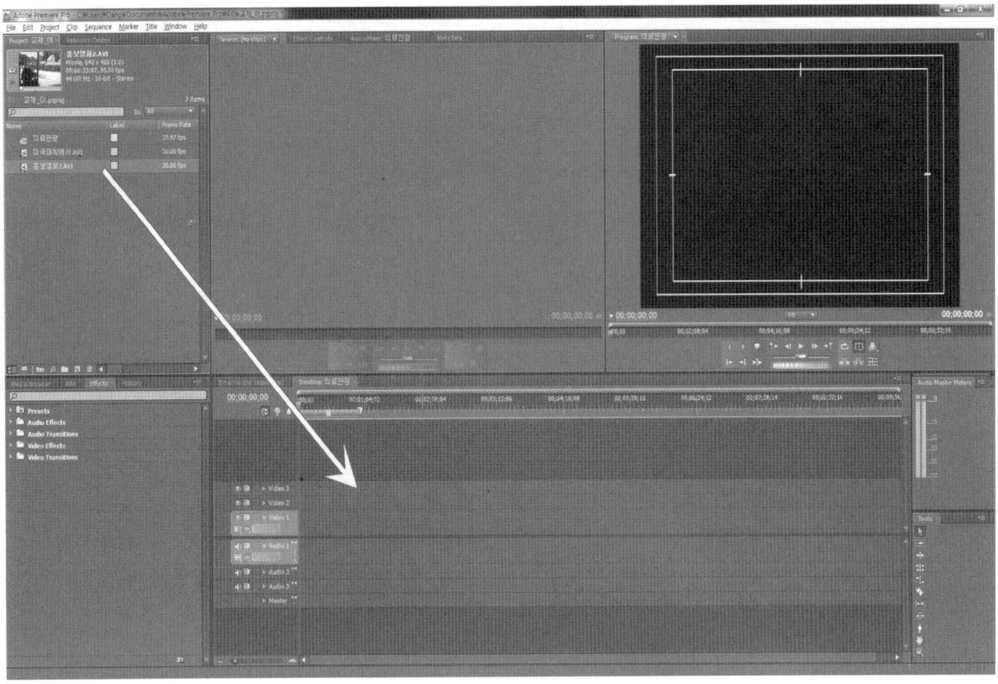

[그림 7-14] 파일 타임라인으로

⑧ 타임라인 영상 위에는 빨간색 수직선인 타임마커가 있다. 영상에서 자르기 원하는 부분이 있다면 이 타임마커를 이동시켜 놓고 오른쪽 하단 도구상자에서 면도칼 모양인 Razor Tool(단축키 'C')을 선택한다. 마우스 커서 모양이 면도칼 모양으로 바뀌고 이 면도칼을 타임마커로 가져가서 클릭하면 영상이 잘려 나눠는 모습을 볼 수 있다.

타임마커의 이동방법은 [Space Bar]를 눌러 영상을 플레이를 시키다 원하는 장면 위에서 다시 [Space Bar]를 눌러 정지시킨 후 자르거나, 섬세히 작업을 위해 [→]를 눌러 앞으로 한 프레임씩, [←] 눌러 뒤로 한 프레임씩 타임마커를 이동시켜 자르면 된다. [Shift]+[→]은 앞으로 5프레임, [Shift]+[←] 뒤로 5프레임씩 이동할 수 있으며, 이 설정은 프리미어 환경 설정 시 변경 가능하다.

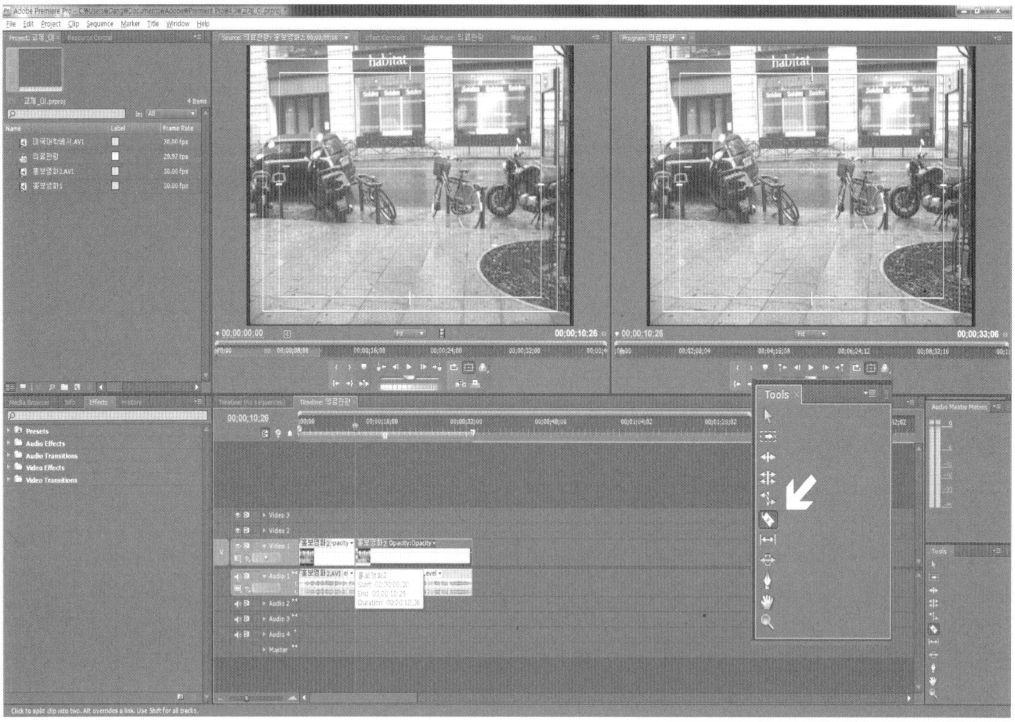

[그림 7-15] 영상 자르기

⑨ 도구 상자의 화살표 모양으로 생긴 선택 툴(Selection Tool)은 영상을 선택, 선택 이동할 수 있다. 도구상자의 선택 툴로 자르고 없애고 싶은 영상을 선택 후 Del 키를 누르면 그 선택이 없어지는 것을 볼 수 있다.

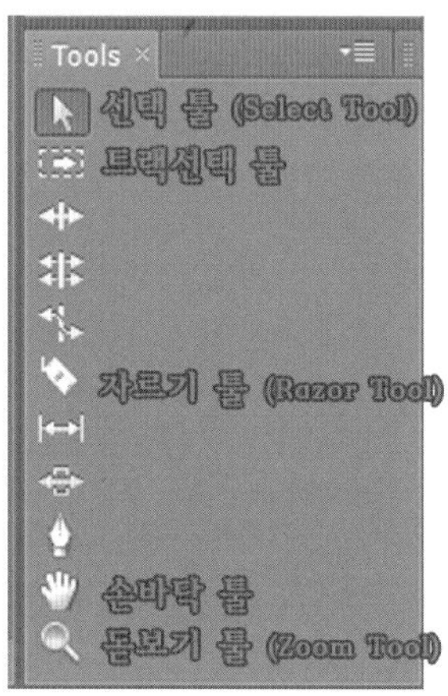

[그림 7-16] 툴

[그림 7-17] 영상을 잘라 지운 모습

⑩ 자르고 빈 공간은 다음 영상을 끌어와 채울 수 있다. 모든 영상은 선택 툴로 순서나 위치를 자유로이 움직일 수 있다. 여기서는 간단하게 빈 공간을 채우는 방법으로 선택 툴로 끌어올 수 있다.

[그림 7-18] 영상 끌어오기

빈 공간에서 마우스의 오른쪽 클릭을 하면 Ripple Delete라고 나타나는데, 이를 이용해서 정확하게 빈 공간을 채우는 방법을 보여 주고 있다.

[그림 7-19] Ripple Delete

홍보영상의 경우, 영상의 소리를 현장으로 쓰기도 하지만 녹음실에서 오디오 작업을 한 후 오디오를 교체하기도 한다. 이럴 경우엔 편집한 영상의 오디오를 따로 지워 줘야 하는데, 보통은 영상은 모두 오디오와 묶여 있기 때문에 오디오만 따로 선택할 수가 없다.

하지만 영상을 선택한 후 마우스의 오른쪽을 선택하면 다음과 같은 많은 메뉴가 나타나는데, 그중에 Unlink를 선택하여 주면 영상과 오디오를 따로 선택하여 지우거나 이동할 수 있게 된다.

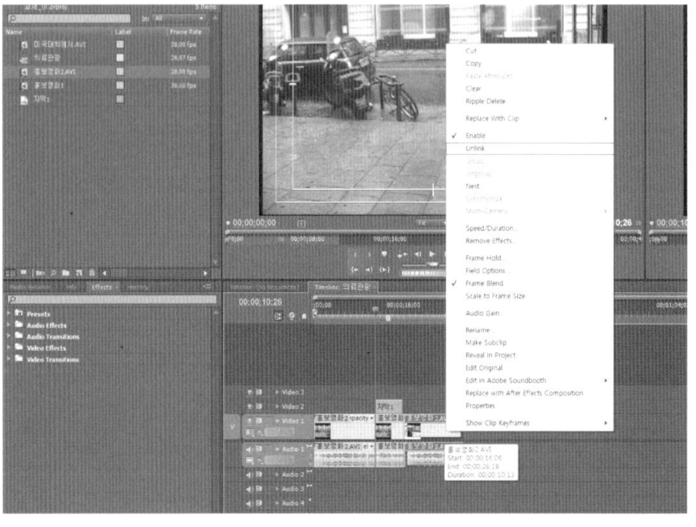

[그림 7-20] 비디오와 오디오 분리법

⑪ 자막 넣기

자막의 경우 최근에는 Adobe의 After Effects를 이용해 삽입되는 경우가 많다. After Effects의 경우, 다양한 자막의 프리셋을 제공하며, 또한 After Effects에서 자막을 넣을 경우 글자의 모션과 꾸미기가 용이하기 때문에 많이 사용된다.

그러나 프리미어에서도 자막 넣는 기능은 제공되고 있기 때문에 종종 사용되기도 한다. 프리미어에서 자막을 넣기 위해서는 프로젝트 창의 밑의 작은 아이콘 중에 종이모양의 아이콘을 선택하면 다음과 같은 8개의 메뉴가 나타나는데, 그중 Title을 선택하면 New Title 이라는 창이 작게 뜬다. 그곳에 자막 명을 지정해 준 후 OK를 누른다.

[그림 7-21] 자막 넣기

그렇다면 다음과 같은 창이 나타난다. 여기서 자막을 쓰고, 자막을 꾸밀 수 있다.

다음 그림의 빨간 네모 박스가 제일 기본적인 글자의 폰트, 크기, 자간 등을 설정해 주는 곳이다. 자막을 입력하는 바탕 그림은 타임마커가 현재 있는 위치의 그림이 나타나며, 작업을 넣을 장면에 타임마커를 이동시키고 작업을 꾸미는 것이 자막을 꾸미는 데 더 도움을 준다.

[그림 7-22] 자막 만들기

자막 작업이 끝났다면 오른쪽 상단의 × 표시(닫기)를 누르면 자동 저장된다.

이 자막은 프로젝트 창에서 볼 수 있으며, 영상과 마찬가지로 자막을 타임라인에 끌어 내리면 자막이 영상 위에 얹어진다. 자막의 길이조정은 타임라인에서 모두 이루어진다.

[그림 7-23] 자막 비디오에 얹기

⑫ 모든 작업이 끝났다면, 마지막으로 하나의 영상으로 출력한다. Work Area의 범위가 편집을 완성한 영상의 처음과 끝에 잘 선택되어 있는지 확인 후, File → Export → Media를 선택한다.

[그림 7-24] Export

File → Export → Media를 선택하면 다음과 같은 창이 나타난다.

[그림 7-25] 출력할 영상 설정창

다음 창의 오른쪽에 있는 Export Settings에서 최종 영상의 출력하고자 하는 영상 Format과 그 포맷에 맞는 비트레이트나, Quality 등 세부 사항을 원하는 대로 설정하여야 한다.

영상의 Format은 편집자의 컴퓨터의 코덱에 따라 나타나는 것이 다를 수 있다. 홍보영상의 경우 가볍고, 어디서나 Paly가 쉽게 되는 WMV로 많이 이용하며, 용도와 클라이언트의 요구에 따라 AVI, MPEG2 등 다양한 Format으로 설정하여 출력한다.

설정이 끝나고 OK버튼을 누르면 다음과 같은 엔코더가 실행된다. 다음의 엔코더는 CS4의 경우이며, 다양한 버전마다 조금씩 다르다.

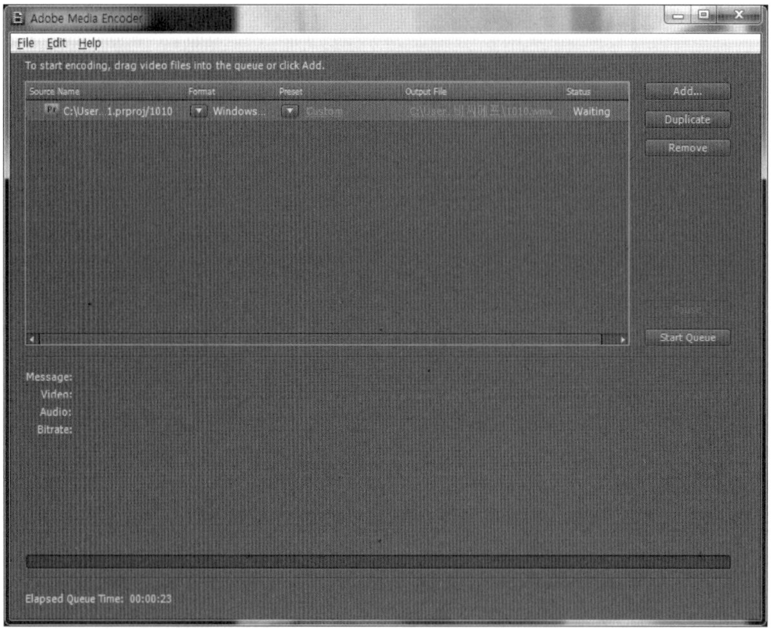

[그림 7-26] 영상 출력하기

(2) 영상효과 넣기

프리미어(CS4버전, 버전마다 효과가 조금씩 다름)에서는 영상에 움직임을 주거나 영상의 크기 변화, 위치 등을 조정할 수 있으며, 영상과 영상 사이의 트랜지션을 줄 수 있는 효과들이 프리셋으로 제공하고 있다. 버전마다 갖고 있는 프리셋은 조금씩 다르나 기본적인 효과는 모두 갖고 있으며, 요즘은 After Effect로 많이 주는 편이지만 종종 쓰이기 때문에 간단하게 소개한다. 영상에 움직임을 주거나, 크기를 조정해 주거나 위치를 조정하는 효과는 소스창에서 탭으로 보면 Effect control란이 있다. 그곳에서 조정이 가능하다.

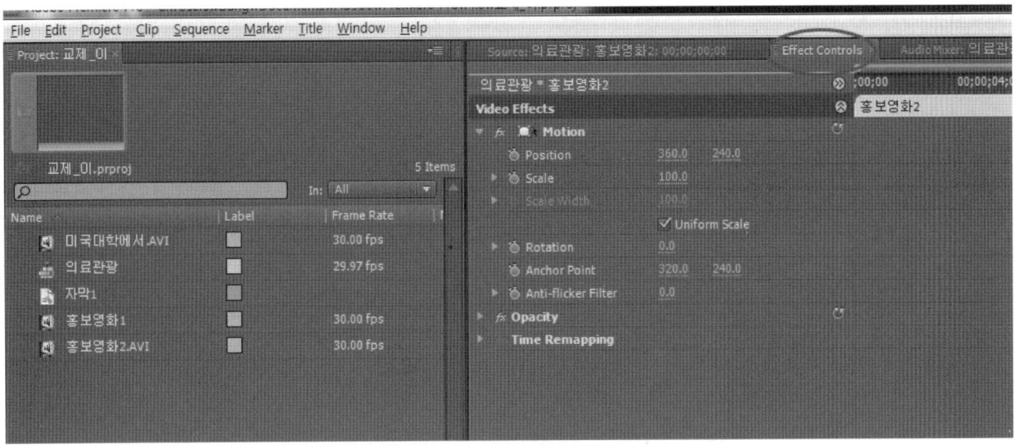

[그림 7-27] 영상효과를 넣을 때 작업할 세부 설정 탭

영상과 영상의 트랜지션이나 영상에 색조정하거나 할 때 이용하는 프리셋을 적용했을 때도 이곳에서 세부 사항을 설정할 수 있다.

다음은 예제로 영상과 영상 사이에 영상의 전환효과로 3D모션에 Swing in을 적용했을 때의 모습이다. 효과는 프리셋을 끌고 영상과 영상 사이에 끌어 놓으면 적용된다. 그리고 효과가 넣어진 부분을 더블클릭하면 이펙트컨트롤창이 활성화되며 트랜지션의 길이조정, 색 조정 등 세부 사항을 설정할 수 있다.

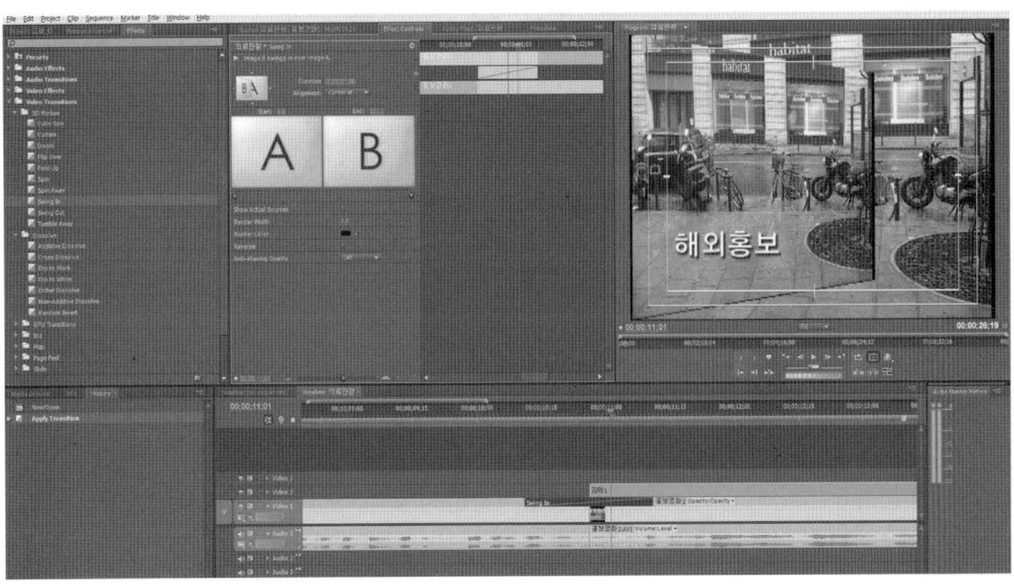

[그림 7-28] 트랜지션 세부 설정

CS4버전의 프리미어에서는 다음과 같은 여러 가지 프리셋을 제공하고 있다.

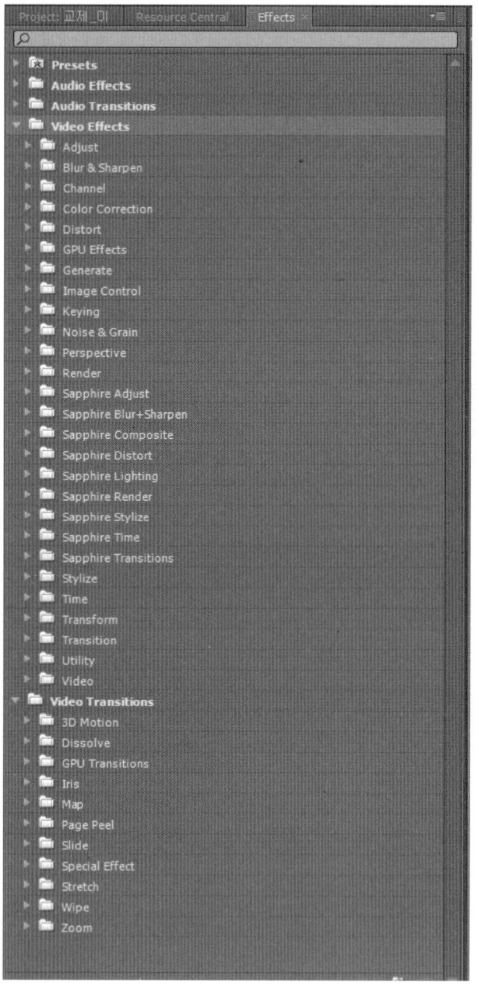

[그림 7-29] 프리셋 목록

2) 파이널 컷(Final Cut)을 이용한 편집하기

파이널 컷은 맥킨토시 컴퓨터에서 사용하는 편집 프로그램으로 고화질 고용량 영상을 가볍게 편집할 수 있어 많이 사용되고 있다. 포스트 프로덕션과 드라마 편집에서 많이 쓰였으며, 최근에는 방송이 모두 HD화되어 가면서 방송국에서도 많이 쓰이고 있어 알아두는 것이 좋다.

파이널 컷의 기본 구성은 다음과 같다.

[그림 7-30] Final Cut X 기본 구성

(1) 파이널 컷 X에서는 새로운 이벤트를 형성 후 그 안에 새로운 프로젝트를 만들 수 있게 되어 있다. 꼭 이벤트를 만들어야 새로운 프로젝트를 만들 수 있는 것은 아니지만, 작업을 분류해 놓는 것이 나중에 수정이나, 다른 작업과 함께 병행할 때 좋지 않을까 생각한다. 이벤트라는 것은 컴퓨터 안에서 문서를 분류하여 폴더로 묶는 것처럼 파이널 컷 프로그램 상에서 작업 폴더를 만든다고 생각하면 쉬울 것이다. 파이널 컷 X에서는 날짜마다의 작업 목록도 한눈에 볼 수 있다.

새로운 프로젝트는 프리미어와 비슷하게 파일에서 New Projet를 선택하고 이름을 설정하면 된다.

[그림 7-31] 맨 왼쪽에 이벤트 목록과 클립창에 나타나는 작업 날짜별 영상파일

(2) 새로운 프로젝트를 만들고 나면, 작업을 위해 영상을 불러와야 한다. 영상을 불러오는 방법은 2가지가 있다. 메뉴 File → Import → Files 혹은 Folder 파일을 불러올 수 있다. 또는 소스 창에서 Import 아이콘이나 카메라 아이콘을 클릭하면 파일을 불러올 수 있다.

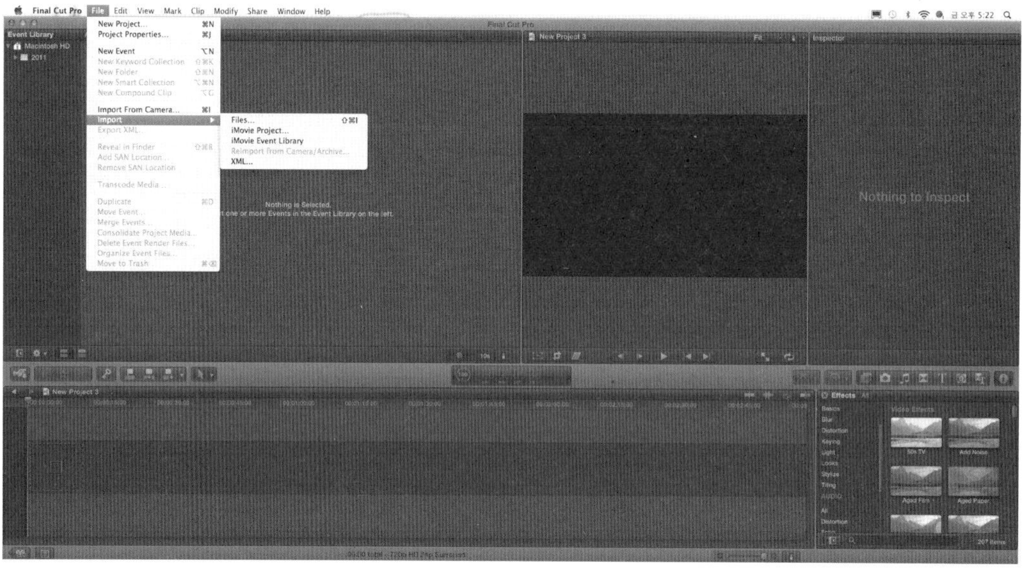

[그림 7-32] 영상 불러오기

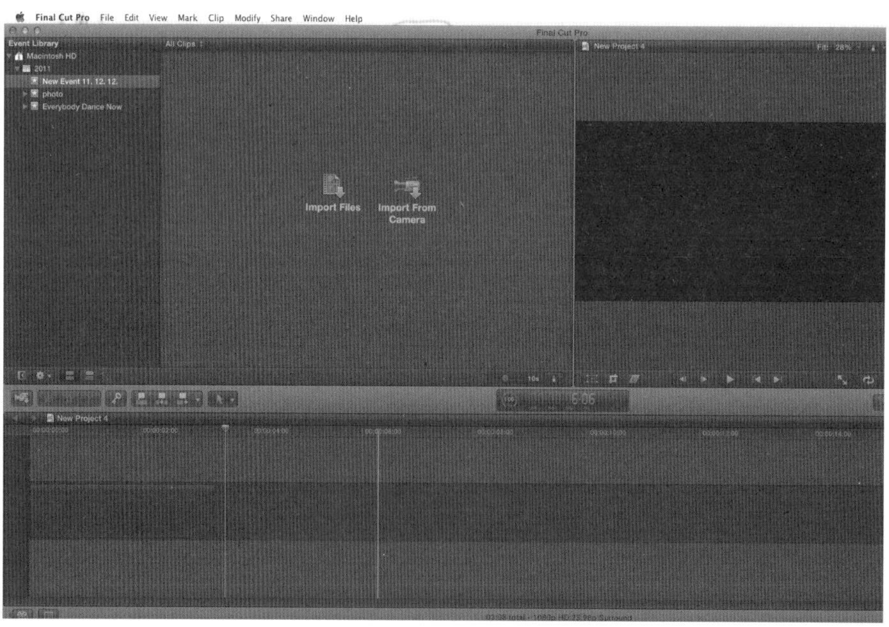

[그림 7-33] Import 아이콘을 통해 영상 불러오기

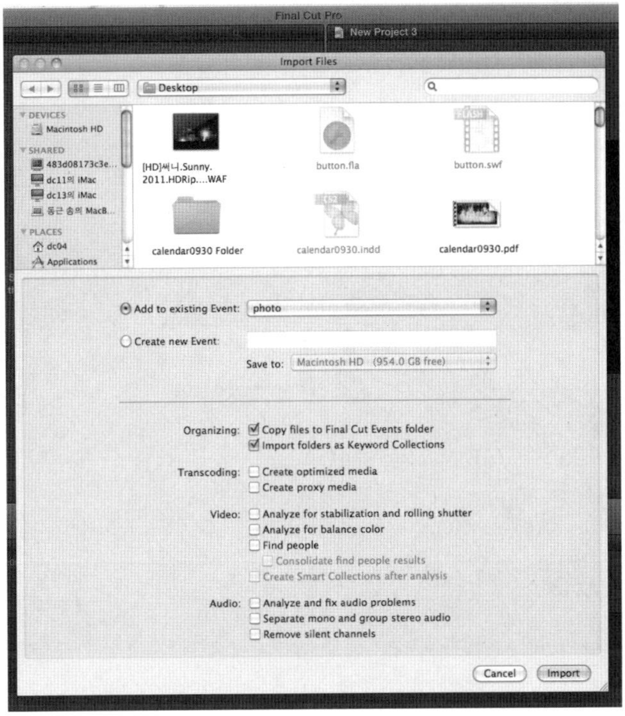

[그림 7-34] 파일 선택

(3) 파이널 컷 프로에서 파이널 컷 X로 바뀐 가장 큰 기능으로 소스 창에서 동영상 서치가 가능하다는 점이다. 또한 서치하며 인/아웃 점을 잡을 타임라인으로 이동이 가능하다. 클립의 노란 테두리에 집중하자. 클립을 선택하면 노란 테두리가 나타난다.

[그림 7-35] 소스 선택 테두리

그 선의 가로와 세로 끝을 마우스로 끌어오면 다음과 같이 인/아웃 점이 잡혀 클립의 부분 그림이 선택된다. 그 클립을 드래그하여 타임라인에 놓아도 되고, 인/아웃 점을 선택하지 않고 클립 자체를 가져와도 된다.

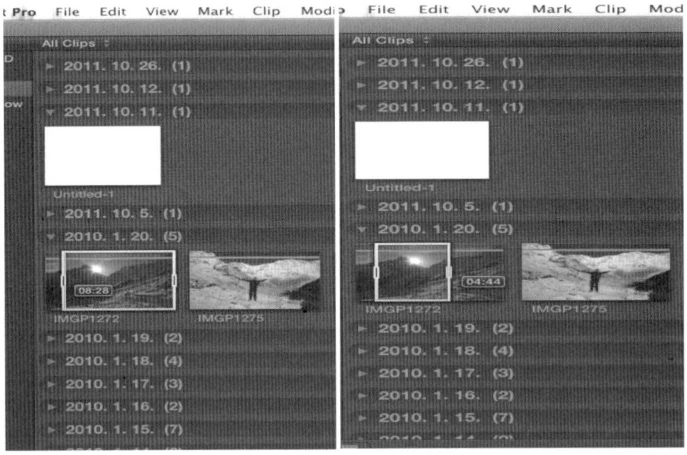

[그림 7-36] 소스목록에서 바로 In/Out 점 잡기

[그림 7-37] 영상 타임라인으로 내리기

(4) 파이널 컷에서도 영상을 자르려면 프리미어와 비슷하게 생긴 면도칼 툴로 자르면 된다. 파이널 컷의 툴은 타임라인 바로 위의 바에 화살표 표시 속에 숨겨 있다.

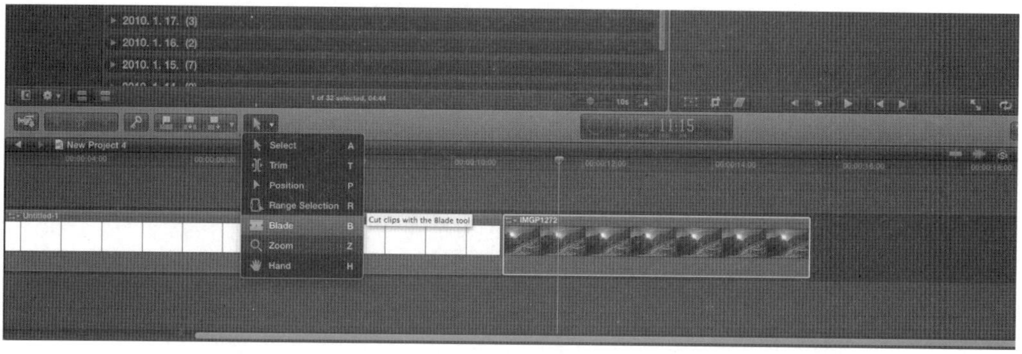

[그림 7-38] 툴 위치

면도칼을 선택 후 프리미어와 같이 타임라인에 있는 회색 줄 타임마커를 자를 곳에 이동 후 면도칼로 클릭하면 아래와 같이 잘리게 된다.

[그림 7-39] 영상 자르기 전

[그림 7-40] 영상 자른 후

(5) 잘린 클립을 삭제하기 위해서 도구 상자에서 Selection tool을 선택하고 삭제할 클립을 선택하고 Delete 키를 누르면 클립이 삭제하면 된다. 여기서 꼭 주의해야 할 점은 맥 컴퓨터의 키보드의 Delete 키가 두 가지인데 이 두 키가 조금씩 다른 기능을 한다는 점이다.

키보드 방향 키 위에 위치한 Delete는 공간까지 제거하여 뒤의 클립을 당겨오는 기능을 하고, 엔터 키 위의 Delete를 누르면 클립만 삭제된다.

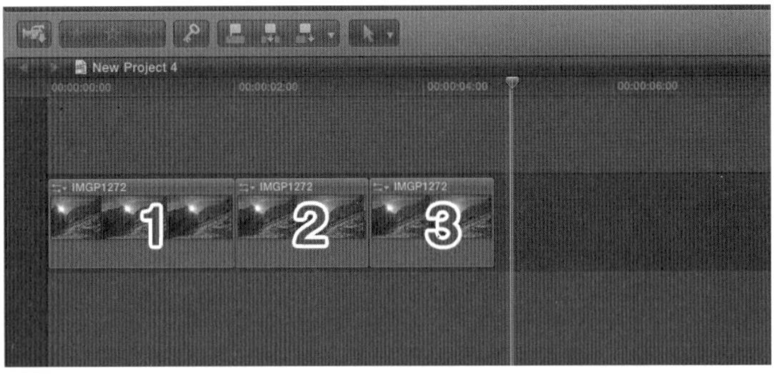

[그림 7-41] 삭제 전

[그림 7-42] 엔터 키 위 Delete 키로 삭제한 것(왼쪽)
키보드 방향 키 위 Delete 키로 삭제한 것(오른쪽)

(6) 잘라진 영상을 이동할 때에는 클립을 마우스로 선택 후 드래그로 하면 된다. 두 개 이상의 클립을 이동하기 위해서는 드래그로 이동할 클립을 모두 선택 후 이동하면 되며, 이 또한 프리미어와 유사하다.

여기서 또 파이널 컷은 프리미어보다 편리한 기능이 있는데, 클립을 이동할 때는 드래그로 이동하는 것보다 타임코드(Time code)를 입력해서 이동이 가능하다는 것이다. 이는 빠르고 정확한 편집을 하는 데 도움을 준다.

파이널 컷 X 이전 버전의 프로그램에서는 클립을 마우스로 선택한 후 키보드의 [+], [−] 버튼을 누르면 Timeline에 'move'라는 타임코드를 입력하는 상자가 나타났다. 그곳에 타임코드 입력 후 Return 키를 치면 바로 클립이 이동한다.

하지만 파이널 컷 X에서는 다로 입력상자가 나타나지 않고 타임코드에서 입력이 된다. 타임코드는 [시:분:초;프레임]으로 이루어 있는데 이동시간을 입력할 때는 숫자만 입력한다. 3초를 이동하려면 '300'을 입력한다. 그러면 [00:00:03;00]으로 인식하게 된다.

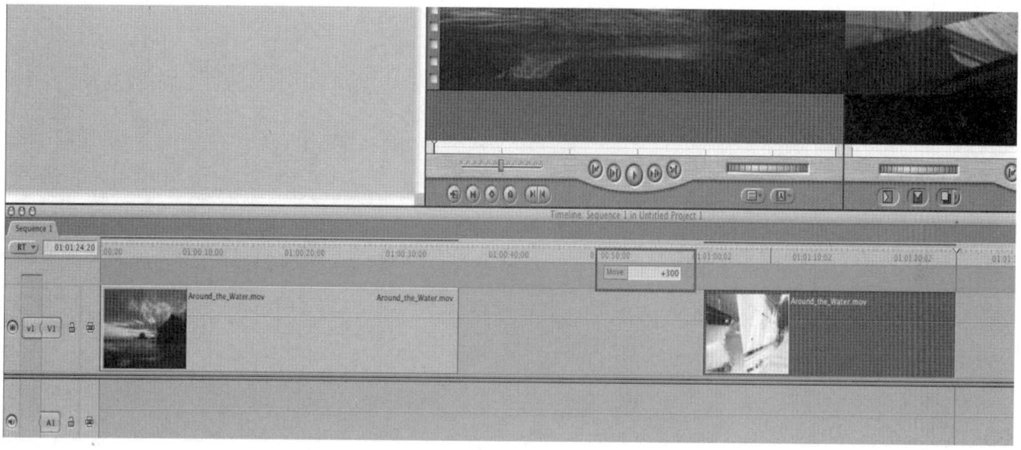

[그림 7-43] 기존의 파이널 컷 프로그램

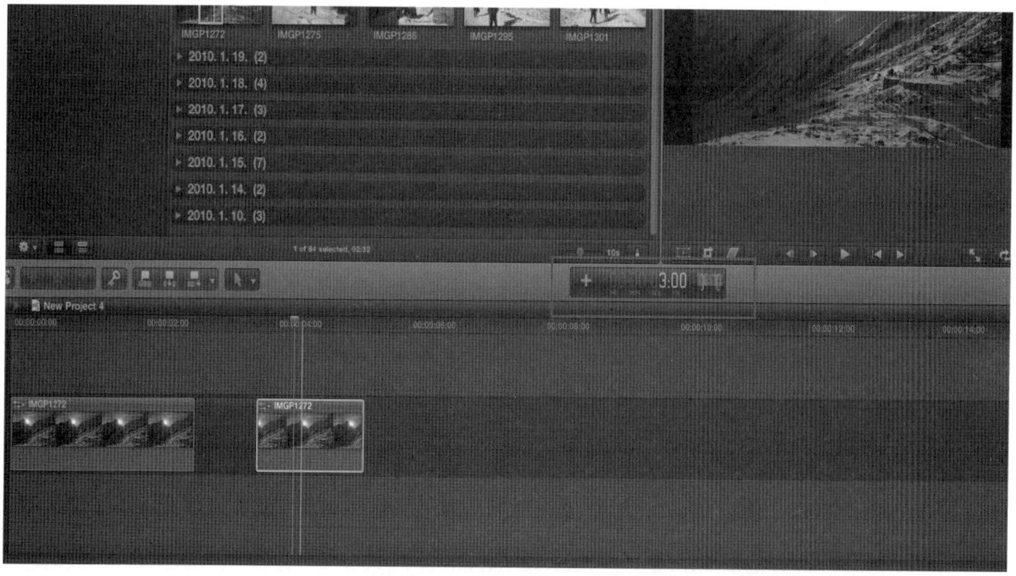

[그림 7-44] 파이널 컷 X

(7) 모든 영상 편집이 끝나고, 파이널 컷에서 영상을 출력을 할 때는, 파이널 X 이전 메뉴에서는 프리미어와 비슷하게 메뉴 File → Export → Quicktime Movie로 들어가면 되었다. 하지만 파이널 컷 X에서는 Share 메뉴에서 선택할 수 있게 되어 있다. 용도 별로 메뉴의 항목이 나뉘어 있고, 자신의 영상에 맞춰 선택하여 출력하면 된다. 출력 메뉴를 선택 전 완성된 영상의 인/아웃 점을 잡아야 한다. 'I'는 in점을 'O'는 out 점을 잡는 단축키이다.

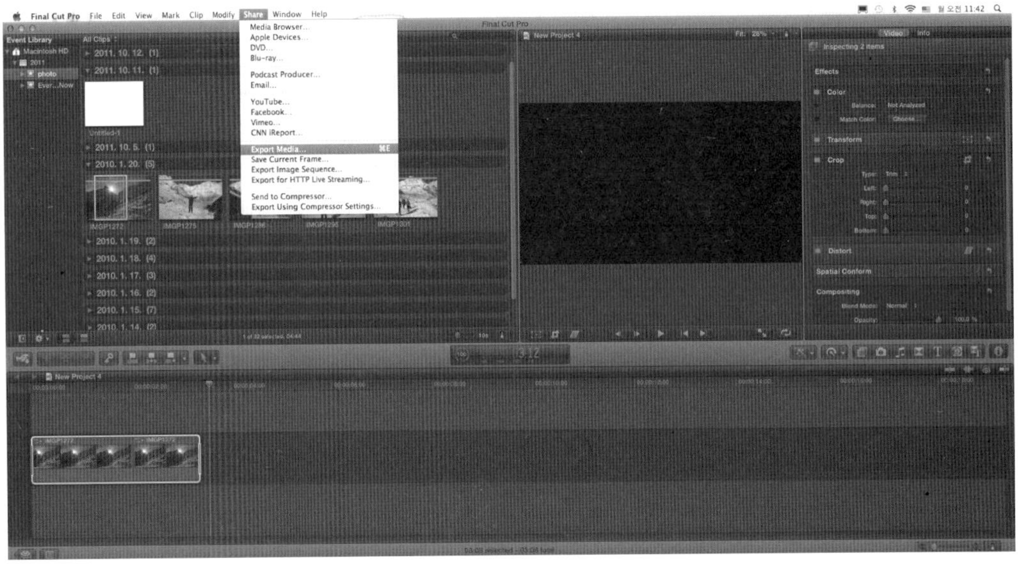

[그림 7-45] 파이널 컷 X의 영상 출력 메뉴

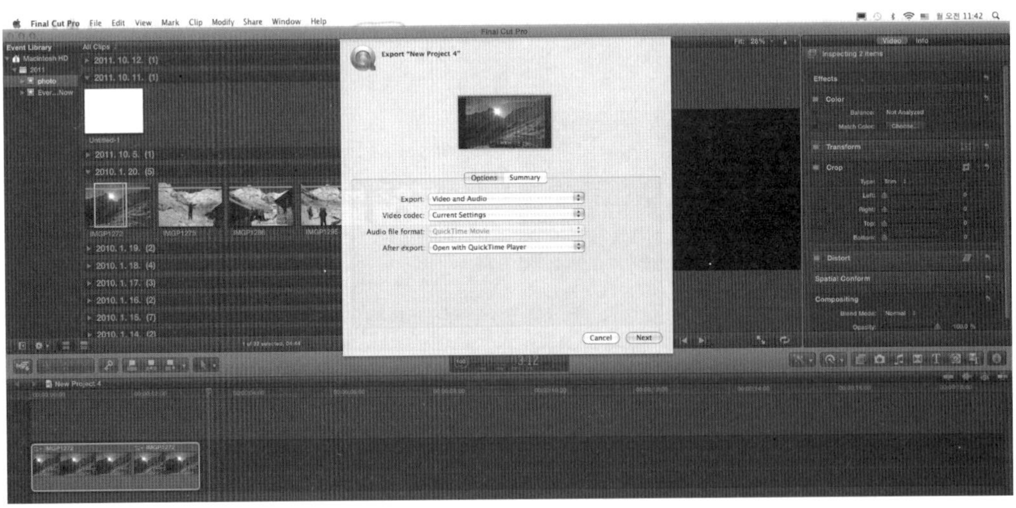

[그림 7-46] Deport Media를 선택했을 경우(자신이 원하는 형식의 포맷을 설정하고 출력하면 된다)

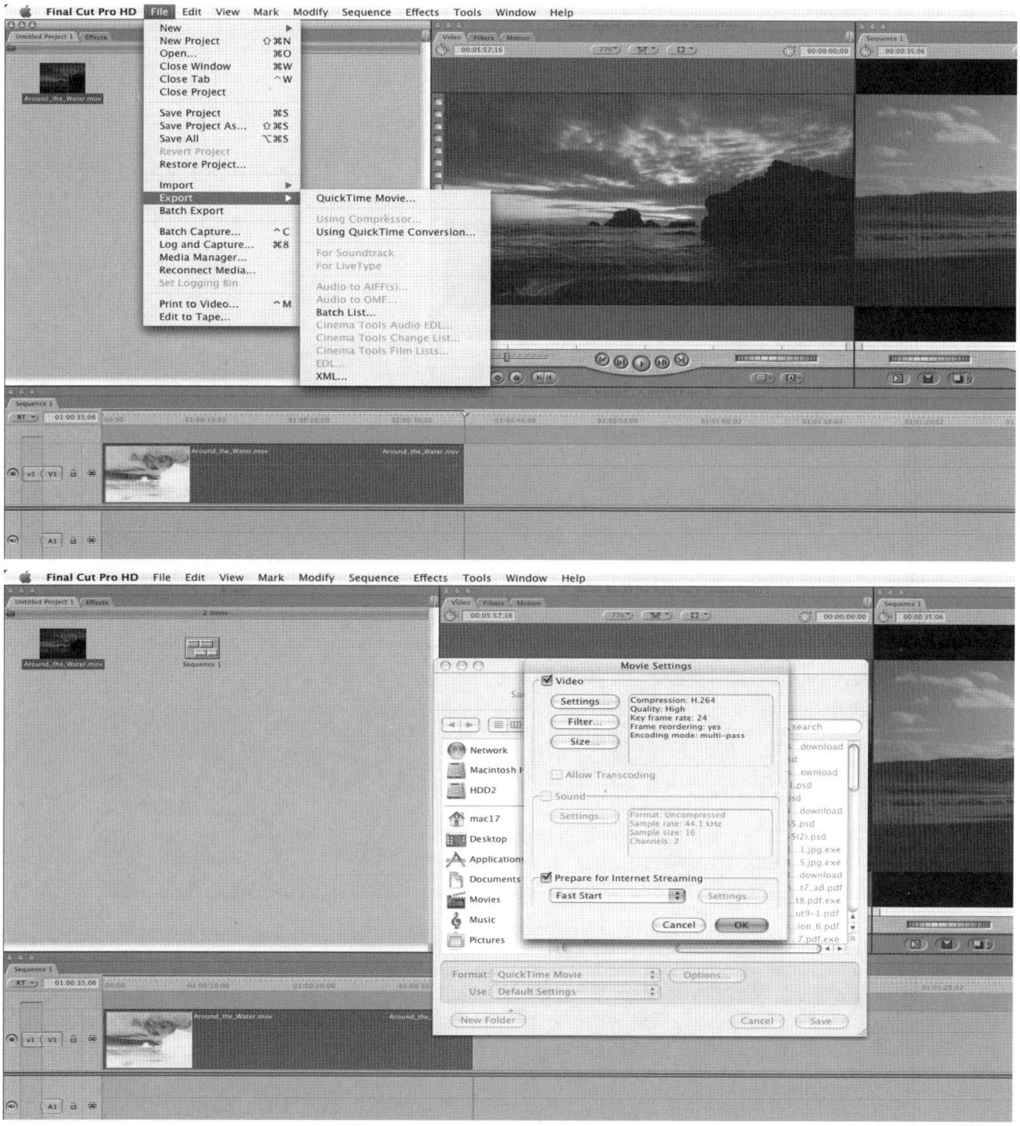

[그림 7-47] 파이널 컷 프로의 Export 모습

4. 어도비 애프터 이펙트(Adobe After Effect)

영상 편집 시 함께 사용하면 좋은 프로그램을 하나 소개하고자 한다. 애프터 이펙트라는 프로그램으로 보통 2D에서 합성 작업할 때 쓰이는 프로그램이다. 프로그램의 소개 글을 보면, 모션그래픽과 비주얼 이펙트를 표현하는 합성 프로그램이며 중후반 제작 시에 많이 사용된다고 한다. 애프터 이펙트는 기본으로 제공하는 플로그인과 프리셋을 활용해 영상에 다양한 효과를 줄 수 있으며, 많은 프리셋과 플로그인을 설치하면 더 많은 효과를 낼 수 있다. 특히 프리미어에서 부족한 자막을 꾸며줄 때 매우 유용한 프로그램이다. 애프터 이펙트에서는 자막에 다양한 위치, 모양, 모션을 줄 수 있다. 프로그램에서 기본적으로 제공하는 자막 프리셋은 2D와 3D 형식으로 다양한 효과를 줄 수 있다. 또한 프리미어와 연동되기 때문에, 손쉽게 영상을 꾸밀 수 있다.

[그림 7-48] Import 창

[그림 7-49] 애프터 이펙트 기본 구성

1) 애프터 이펙트에서 자막 넣기

(1) 프리미어처럼 프로젝트 창에서 더블 클릭 혹은 파일에서 Import를 눌러 작업할 영상을 불러온다.

(2) 자막이 들어갈 자리를 타임마커로 이동한 후 글씨를 쓴다. 자막이 들어갈 위치부터 나오는 타임까지 레이어 바(아래 그림에서 빨간, 초록 바)를 조절해 준다.

레이어 바는 시작과 끝을 잡고 드래그하여 줄일 수 있고, 'Alt+['(타임마커부터 시작 바 줄이기), 'Alt+]'(타임마커까지 바의 끝을 줄이기)로 줄일 수 있다.

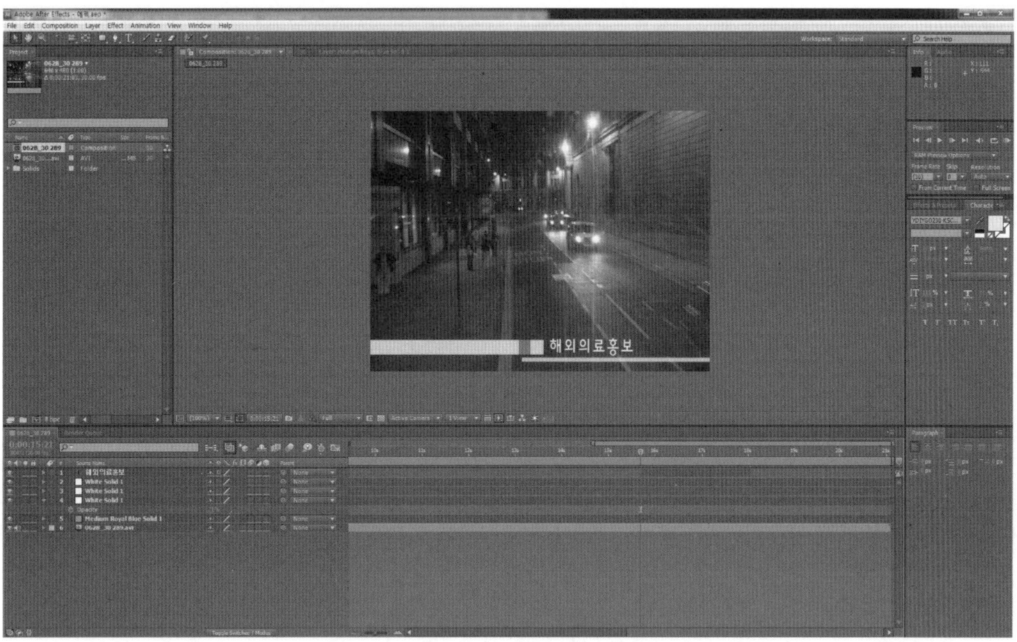

[그림 7-50] 자막 작업 모습

(3) 애니메이션을 줄 자리에 타임마커를 놓고, Effects & Presets 창에서 Animation Presets → Presets → Text 란에서 마음에 드는 텍스트 프리셋을 고른 후 더블 클릭하면 타임마커가 있던 자리부터 자막 모션이 적용된다. 자막 프리셋 역시 레이어를 열어 프리셋의 시간, 방향 등 세부 사항을 수정할 수 있다.

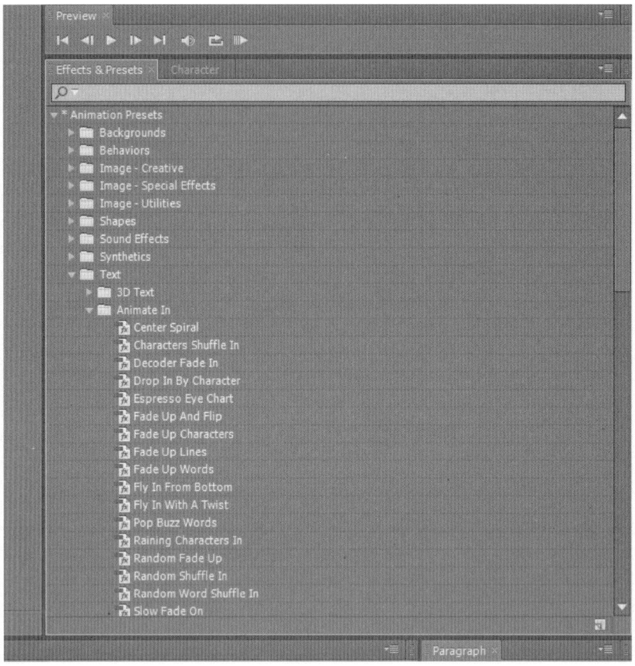

[그림 7-51] 프리셋 목록

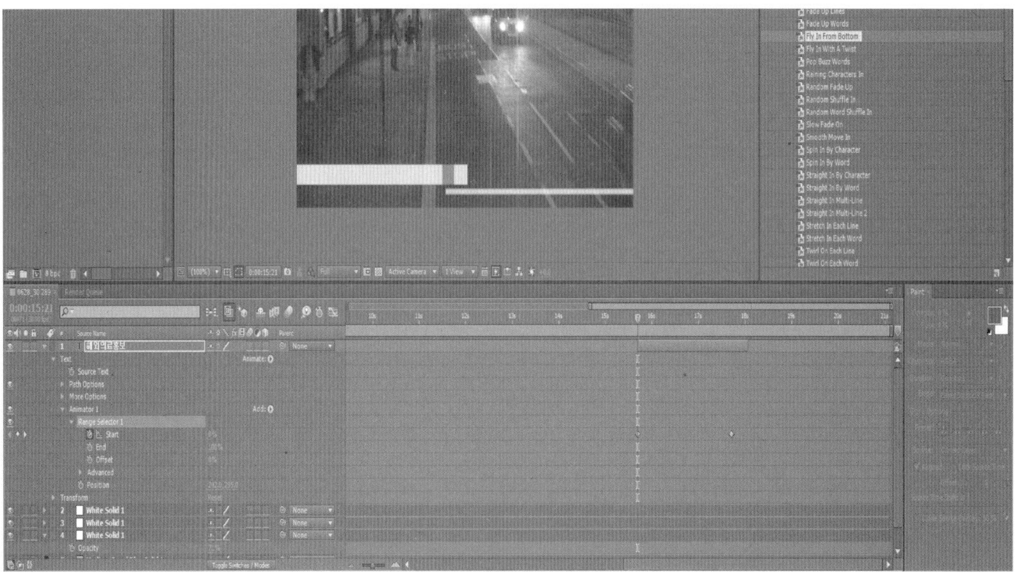

[그림 7-52] 자막에 텍스트 프리셋 선택 후 수정하는 모습

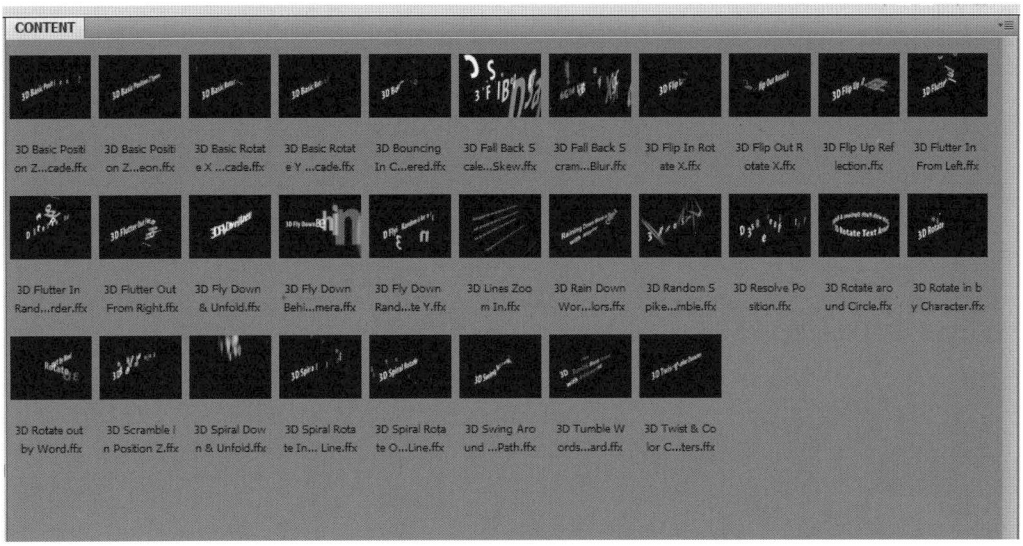

[그림 7-53] After Effect에 기본으로 제공하는 모션 프리셋 중 한 부분

프로그램에 관련한 여러 기능의 좀 더 자세한 사항은 After Effect 전문 책을 참고하기 바란다.

5. 오디오

영상을 제작함에 있어 필수불가결한 것 중의 하나가 바로 오디오이다. 영상을 볼 때 그 뒤를 받쳐 주는 BGM이나 내레이션 같은 것들이 없다고 생각해 본다면 왜 중요한지는 따로 설명을 하지 않더라도 충분히 알 수 있을 것이다. 물론 요즘은 각 분야가 세분화되어 있고 전문가들이 맡은바 분야를 프로페셔널하게 처리함으로써 영상을 제작함에 있어 오디오 부분은 전문 스튜디오에 맡기는 것이 현명한 선택이 될 수 있으나 모든 영상인들이 충분한 제작비를 지원받는 것이 아니기에 직접 영상은 물론 오디오까지 작업해야 하는 일들이 다반사이다. 다음에서는 오디오 레코딩의 기초에 대해 언급하기로 한다.

1) 하드레코딩

컴퓨터의 기술은 비약적으로 발전해 가고 있다. 어떤 분야든 컴퓨터를 이용하여 처리하고 있다고 해도 무리가 없을 정도의 사회가 도래되었고, 영상은 물론 오디오 레코딩에 있어서도 예전처럼 거대하고 값비싼 콘솔기계가 없이도 컴퓨터와 레코딩 프로그램으로 충분히 그 역량을 발휘할 수 있는 시대가 왔다. 그런 의미에서 하드레코딩 분야도 예전처럼 미디로 음표를 찍은 단순한 음악만을 만드는 것이 아니라 진정한 음악을 만들어 낼 수 있게 되었다.

하드레코딩이란 컴퓨터가 입력된 소리를 데이터로 변환하여 녹음하는 것을 말한다. 정확하게는 하드디스크 음악 소스를 숫자로 변환시켜 디지털 오디오데이터로 입력 녹음하는 것이다. 그리고 이와 같은 작업을 하기 위해서는 자신의 컴퓨터와 호환이 좋은 오디오 인터페이스와 편집용 소프트웨어가 필요하다. 본인이 구비할 오디오 카드의 팬텀파워 지원 여부를 고려하여 오디오 입력단을 갖추고 그에 맞는 소프트웨어를 설치하면 하드레코딩을 위한 기본 세팅이 갖춰지는 것이다.

물론 스튜디오 SSL 콘솔의 아날로그적 감성을 따라가기엔 부족함이 있을 수 있지만 값비싼 SSL 콘솔 없이 컴퓨터의 디지털 작업만으로도 그에 버금가는 레코딩을 할 수 있는 시대가 왔음은 부정할 수 없는 사실이다.

2) 하드레코딩을 위한 준비

기술이 발전함에 따라 하드레코딩을 위한 장비들 또한 급속도로 발전하고 있다. 이에 필요한 컴퓨터, 오디오카드, 스피커, 헤드폰, 마스터 키보드, 마이크, 앰프 등의 퀄리티들이 날이 갈수록 발전하고 있기에 레코딩을 위한 다음과 같은 기본적인 세팅은 필요하다.

(1) 오디오카드

오디오카드는 컴퓨터에 기본적으로 장착되어 있는 사운드카드와는 달리 오디오 처리 능력이 더 뛰어난 인터페이스를 가지고 있다. 사운드카드는 음악 작업에 특화된 오디오카드와는 달리 일반 사운드카드는 모니터링을 하며 연주를 녹음할 때에 지연(Latency)시간이 오디오카드에 비해 길다. 그래서 리드미컬한 연주를 녹음할 때는 조금 불편함이 있기는 하다. 또한 발전된 오디오 관련 소프트웨어들이 늘어남으로써 호환성이 떨어져 프로그램이 다운되거나 충돌하는 현상이 빈번하고 AD 컨버터의 질이 높지 않으면 망가질 확률도 높다. 그렇기에 좀 더 안정적이고 기술적인 레코딩을 위해서는 사운드카드보다는 좀 더 전문적인 오디오카드의 사용을 권한다.

(2) 믹서(Mixer)

믹서란 멀티 입력된 소리를 섞어서 정해진 Bus로 내보내는 역할을 하는 기기이다. 레코딩을 할 때 게인을 높여 주고 모니터링을 하며 녹음할 때 지연 없이 작업하기 위한 작업이라 할 수 있다.

믹서를 하기 위해 주로 콘솔(console)을 이용하는데 기본적으로 스피트리 컨피그레이션 콘솔과 인라인 콘솔 두 종류로 나눌 수 있다. 스피리트 컨피그레이션 콘솔은 모니터 섹션을 가운데 두어 입력과 출력단을 분리시킨 콘솔이고, 인라인 콘솔은 입, 출력단과 모니터 섹션 모두가 하나의 긴 모듈에 포함되어 있다. 모듈이란 하나의 페이더를 하단부에 두고 그 위로 입, 출력단을 두고 있는 긴 라인이라 할 수 있고 콘솔이란 이런 모듈들의 결합이라 하겠다. 하지만 하드레코딩에서는 믹스를 위한 콘솔 역할을 컴퓨터 안의 프로그램으로 대체할 수 있다.

물론 가지고 있는 다채널의 좋은 믹서가 있고 아웃보드 시그널 프로세서가 많다면 외부 믹서로 그 역할을 대신하여도 되지만 전문 레코더가 아니라면 컴퓨터 프로그램으로도 충분히 처리가 가능함을 알아두자.

(3) 스피커 & 헤드폰

하드레코딩을 함에 있어 스피커와 헤드폰은 자신이 작업한 음악을 확인하고 수정하는데 매우 큰 역할을 한다. 작업과정을 체크하며 소리의 이퀄라이징을 잡아가기 위해 필요한 것으로 고가의 기기일수록 그 성능이 좋다. 하지만 개인적으로는 굳이 없는 돈까지 써가며 분에 넘치는 스피커와 헤드폰을 구입할 필요는 없다고 생각한다. 간단히 생각해 보자. 작업된 음악을 듣는 사람은 보통 일반적인 스피커나 헤드폰으로 음악을 듣는다. 그렇기에 아주 작은 노이즈까지 들려주는 고가의 헤드폰이나 스피커로 음악을 작업한다 해도 일반 기기로는 어차피 들리지도 않는 노이즈라는 것이다. 그러니 자신의 경제적 여유에 맞춰 알맞은 헤드폰과 스피커를 구비하는 것을 추천한다. 또한 비슷한 가격대의 기기라도 성능이 천차만별이며 특색도 고음이 강한 헤드폰 중저음이 강한 헤드폰 등 다양하다.

기기를 구입함에 앞서 고려해야 할 것이 또 있는데 바로 작업실의 기본적인 방음이다.

방음이 제대로 처리되지 않는다면 좋은 장비를 구비하고도 작은 볼륨으로 들어야 하는 경우도 생기고 또한 하울링 같은 것이 생길 수도 있으므로 벽에 스펀지를 붙인다든지 양탄자를 바닥에 까는 등의 준비가 필요하다.

스피커는 자체 파워앰프의 유무에 따라 액티브와 패시버로 나뉘는데 패시브 스피커는 앰프를 따로 구입해야 하지만 그만큼 좋은 소리를 낸다는 것을 알아두자.

헤드폰은 직접적으로 소리를 가까이 듣게 되므로 장시간 사용 시 상당한 피로를 유발하는 기기이다. 그러므로 가급적이면 저가의 헤드폰보다는 적절한 성능의 헤드폰을 권한다.

(4) 마스터 키보드

마스터 키보드는 음악을 작곡하는 사람에게 특히 중요시 되는 장비 중 하나이다. 그때그때 떠오르는 악상을 미디로 찍어 기억해 놓거나 해야 하기 때문이다. 특히 미디 기능이 축약되어 있거나 어느 정도의 음원이 지원되는 마스터 키보드를 구입한다면 굳이 드럼세션을 쓰지 않아도 드럼 녹음이 가능해진다(물론 절대 리얼드럼을 따라갈 수는 없다). 그리고 별도의 모듈이 필요한데, 추구하는 음악 장르에 따라 모듈의 종류도 다양하므로 고려해야 할 대상이다.

3) Recording, Mixing, Mastering

(1) 마이크로폰

마이크는 레코딩의 시작이 되는 부분이다. 어떤 마이크를 어떤 위치에 대느냐에 따라 같은 연주의 음악이라도 다르게 들릴 수 있을 정도로 중요하다. 그리고 마이크의 종류나 성능에 따라 레코딩되는 소리가 달라질 뿐만 아니라 음악의 장르에 따라 사용되는 마이크도 다르다. 간단하게 알아보자.

기본적으로 마이크는 음향의 전기 신호 변환방식에 따라 다이내믹 마이크로폰과 콘덴서 마이크로폰으로 나뉜다.

다이내믹 마이크는 무빙코일형과 리본형 마이크로 나뉘는데 무빙코일형은 소리의 유입으로 진동판이 진동하여 내부의 코일이 움직이고 이때 발생하는 전압으로 소리가 나는 원리이다. 리본형 마이크는 리본이 앞뒤로 진동하여 전압이 발생하는 원리인데 외부 충격에

약하다는 단점이 있다. 물론 단점을 개선한 제품들이 나오고 있는 추세이기는 하지만 기본적으로 무빙코일형 마이크가 내구성 면에서 튼튼하여 주로 쓰이고 있다. 다이내믹 마이크의 기본적인 특색으로는 가까운 소리를 잘 받아들인다는 것이다. 예를 들어 이러한 특색 때문에 보컬용 마이크로 자주 쓰인다.

콘덴서 마이크는 진동판과 고정판 사이가 유입되는 소리에 의해 간격이 변하고 이로 인해 정전 용량이 만들어지는 원리로 작동한다. 발생한 전압은 내장된 프리앰프에 전달되고 프리앰프는 레벨을 증폭시켜 임피던스를 조정, 사용 가능한 신호로 만든다. 이때 프리앰프를 작동시키기 위해 외부 전원을 사용하거나 마이크로폰 자체에 포함된 전원을 사용한다. 콘덴서 마이크의 기본적인 특색으로는 멀리 있는 음도 잘 잡아낸다는 것이다.

또한 알아두어야 할 마이크의 분류로 지향성이 있다. 소리의 방향과 관계없이 모든 소리에 비슷한 감도를 보이는 무지향성 마이크로폰과 정면과 배면에서 유입되는 소리에 감도를 보이는 양지향성 마이크로폰 그리고 정면에서 유입되는 소리에 감도를 보이는 단일지향성 마이크로폰이 있다(카디오이드 마이크로폰이라 불리기도 한다). 각 마이크의 특성을 잘 고려하는 선별능력을 가져야만 좋은 레코딩을 할 수 있다는 것을 알아두자.

(2) 레코딩 프로그램

① Protools

Digi Design사에서 개발한 오디오 프로그램으로 현재 가장 널리 쓰이고 우수한 프로그램으로 평가받고 있다. 원래 MAC 기반의 프로그램이었으나 PC에서의 호환성도 많이 높아져 더욱 널리 사용하고 있다. 현재 개인은 물론 큰 스튜디오에서도 대부분 프로툴즈를 사용하고 있으며 크게 홈 레코딩 규모의 LE 버전과 프로 녹음실에서 사용하는 TDM 버전으로 나눌 수 있다. 가장 큰 장점으로는 누구나 손쉽고 간편하게 다양한 플러그인들을 활용, 레코딩, 믹싱, 마스터링까지 가능한 User Interface가 잘 구축되어 있는 것이다. 다만 프로툴즈를 사용하기 위해선 일반적인 오디오 프로그램과는 달리 프로그램 외에 별도의 프로툴 전용 오디오 카드나 장비가 있어야 가능하다는 것을 염두에 두어야 한다.

② Nuendo

독일 Steinberg사에서 개발한 오디오 프로그램으로 큐베이스에서 시작된 PC 기반의 프로그램 중 널리 쓰이는 프로그램 중 하나이다. 음악제작은 물론 영화, 방송, 포스트 프로덕션, 멀티미디어, 서라운드 등 모든 영역의 오디오 제작에 대응하는 프로그램으로 훌륭한 VST 플러그인들을 활용할 수 있는 프로그램이다. 좀 지연되는 문제가 있긴 하지만 컴퓨터에 내장된 사운드 카드만으로 구동이 가능하다는 장점이 있고, 프로툴즈만큼이나 편한 인터페이스를 제공하고 있다.

그 외에도 소나, 사운드포지 등 다양한 오디오 프로그램들이 있으나 보편적으로 프로툴즈나 누엔도를 사용하는 곳이 대부분이다. 하지만 자신의 상황에 맞춰 다양한 프로그램들을 거부감 없이 다루어 보는 것도 큰 도움이 된다는 것을 알아두자.

(3) Mixing

작곡과 편곡이 끝나고 레코딩을 하게 되면 다음으로 해야 할 작업이다. 크게 사운드 메이킹, 발란스, 오토메이션 순으로 진행된다고 보면 된다.

첫 번째로 사운드 메이킹은 말 그대로 사운드를 만드는 작업이다. 예를 들어 작업을 하다 보면 현실적으로 녹음을 무한정 만족할 만한 퀄리티가 나올 때까지 할 수 없는 것이 현실이다. 보컬이나 연주자의 목 상태, 컨디션 등 고려해야 할 부분이 많다. 그렇기에 녹음을 하다 보면 만족스럽지 못한 레코딩이 나오기 마련이고, 이런 부분을 보완해 주는 작업이라 생각하면 된다. 보컬을 녹음했는데 음정이 제대로 맞지 않으면 음정을 맞춰 주기도 하고, 다른 악기들의 부족한 연주를 좀 더 깔끔하게 만들어 주는 것이다. 또한 제대로 된 연주라 하더라도 프로듀서가 원하는 방향에 따라 좀 더 다양한 소리를 만들어 주기도 한다. 보통 이큐나 컴프레서 작업을 한다.

두 번째로 밸런스 작업은 소리의 조화, 균형을 맞추어 주는 작업이다. 예를 들어 여러 악기를 녹음해서 합치다 보면 마스킹(Masking) 현상이 일어나거나 여러 가지 문제점이 생긴다. 그래서 레벨링, 팬, 컴프레서, 이큐, 리버브 등의 작업을 통해 소리 간의 밸런스를 맞추는 작업이다.

세 번째로 오토메이션 작업인데 이 작업은 곡의 음악적인 효과, 미세한 레벨 조정 등을 한다. 믹싱의 마무리 작업이라 생각하면 된다.

(4) Mastering

마스터링은 레코딩의 마지막 단계이다. 쉽게 말하면 이 작업을 통해 믹싱의 부족함을 채

우고 곡의 색을 결정하며 곡의 음량을 최대로 키우는 작업이다. 좀 더 자세히 설명하면 우리가 음반을 들을 때 첫 번째 트랙부터 마지막 트랙까지 자연스럽게 곡의 분위기가 흘러간다든지 일정한 레벨을 유지하여 안정감이 느껴진다든지 하는 것이다. 믹싱이 아무리 잘되어도 마스터링이 제대로 이루어지지 않았다면 듣는 입장에서는 거부감이 생길 수밖에 없다. 그러므로 마스터링은 곡의 마무리를 지음과 동시에 다른 음반에 뒤처지지 않는 음악으로 탄생하는 최종단계인 셈이다. 보통 음반들은 어쿠스틱이 강조되지 않는 이상 피크점이 뜨지 않는 최대의 볼륨 레벨을 유지하는데 이는 최종 마스터링 단계에서 컴프레서와 리미터를 통해 볼륨이 0dB를 넘지 않는 선에서 음압이 높은 레벨을 유지해 듣는 청자에게 음악의 전달력을 좀 더 강조할 수 있다.

4) 하드레코딩의 노하우

(1) 리듬악기 녹음

하드레코딩 기술이 발전해 감은 분명하다. 하지만 기술이 발전한다고 그것을 다루는 기술도 자동으로 발전하는 것은 아니다. 기술이 발전한 만큼 그것을 다루는 사람은 더 공부를 해야 하고 그에 관한 지식이 부족한 상태라면 일을 해나가는 과정에서 한계에 부딪히기 마련이다. 한계에 도달하는 것에는 여러 가지가 있지만 가장 현실적으로 다가오는 문제 중 하나가 악기의 선택이다. 레코딩을 하다 보면 어떤 악기를 써야 할까. 실제 악기가 좋을까 아니면 미디로 찍은 뒤 모듈을 통한 악기 세팅을 할까라는 고민에 빠지기 마련이다. 특히 홈 레코딩 위주의 유저라면 더더욱 그런 고민에 다다를 것이다. 그렇다면 어떻게 해야 할까.

일단 모든 악기는 실제의 것이 좋다고 말할 수 있다. 보컬을 포함한 모든 악기는 뮤지션에 따라 그 특색이 다 다르다. 물론 실력의 차이도 있겠지만 비슷한 실력이라 하더라도 추구하는 음악에 따라 다양한 특색을 가지고 있고 그것이 레코딩에도 나타나기 마련이다. 물론 미디로 전부 찍은 뒤 음악을 만든다 해도 음악이 만들어지지 않는 것은 아니다. 하지만 댄스음악이 아닌 이상 뮤지션의 느낌을 살리고 싶은 레코딩을 하고 싶다면 실제 악기의 녹음을 권한다.

물론 현실적으로 실제 악기의 녹음이 힘든 사람이라면 미디로 찍은 뒤 음악을 만들 수 있다. 그러나 Bass Guitar는 리얼 녹음이 좋다. 현악기이자 리듬악기이기 때문에 사람의 손

끝에서 나오는 리듬감은 프로그램으로 담기 어렵다. 물론 온 정신을 쏟아 편집한다면 가능할 수도 있지만 작업자를 매우 지치게 만들기에 효율성면에서 리얼 악기를 추천한다. 반면 같은 리듬악기라도 드럼은 상대적으로 베이스기타보다 다양한 드럼 전용 모듈들이 구비되어 있다. 여건이 된다면야 역시 실제의 드럼이 좋겠지만 아주 잘 손질된 드럼 모듈들이 정말 많기에 미디 악기 녹음도 나쁘지 않다. 드럼은 잔향을 잡는 것도 매우 힘든 작업인 데 반해 미디로 작업을 한다면 이펙트 하나를 입힘으로써 꽤나 괜찮은 사운드를 들려 준다.

또한 이러한 미디 악기의 조합은 상대적으로 리얼 악기의 조합보다 마스킹 현상이 적다. 왜냐하면 애초에 잘 손질된 사운드 샘플링 자체가 이미 훌륭한 엔지니어들을 통해 이퀄라이징이 된 상태에서 나온 모듈들이기 때문이다.

하지만 미디를 리얼하게 찍는다는 것 또한 쉬운 문제는 아니다. 합주의 기본이라든가 각 악기의 역할 등을 제대로 숙지하지 못한 채 미디를 찍게 된다면 실제로 연주가 불가능한 표현을 해서 곡 자체가 어처구니가 없어지거나 하는 등의 문제가 생기기도 한다. 음악의 기본 중 하나인 드럼 킥 라인과 베이스 기타 라인이 유사성을 가지고 곡이 전개되어야 하는 것과 같은 기본적인 음악 상식 정도는 가지고 미디를 다루는 것이 좋다는 것이다.

미디로 찍은 드럼이 마음에 들지 않을 경우 샘플링이 되어 있는 드럼의 프레이즈를 잘라 루프로 돌리고 추가로 필인, 필아웃을 넣는 등의 방법 정도도 구사할 줄은 알아야 한다.

(2) 기타 녹음

① 드라이브

기타 녹음의 경우 첫 번째로 일렉기타는 녹음 시 선명한 드라이브 소리여야 한다. 독특한 기타 소리를 녹음해 보겠다고 믹싱을 하기도 전에 녹음단계에서 선명하지 못한 드라이브 소리를 녹음한다면 믹싱단계에서 전체적인 곡의 분위기를 해치게 되고, 기타 사운드 자체도 애초에 원하던 사운드를 얻어내기 힘들다.

② 마이크 수음

일반적으로 기타 녹음을 할 때 마이크는 앰프에 대고 직접 수음하는 것이 좋다. 그리고 가급적이면 앰프의 중앙에 대고 수음하는 것이 좋다.

③ 오버드라이브

만약 홈 레코딩을 하는 사람이라면 강한 디스토션이 걸린 기타 연주를 녹음하고 싶을 때 여러 가지 애로사항이 생긴다. 가족이나 이웃들도 신경을 써야 하기 때문이다. 아무리 방음을 잘 해놓는다 하더라도 홈 레코딩의 경우라면 소리가 새어 나갈 것이다. 이럴 경우엔 앰프의 라인 아웃을 이용한다든지 프로그램을 이용해 오버드라이브 이펙트를 사용해 원하는 소리에 가까운 사운드를 만들어 낼 수 있다.

(3) 디렉팅

레코딩 작업을 하다 보면 녹음을 하는 사람은 자신의 결과물에 애착이 생기기 마련이고 그로 인해 자신의 곡에 대한 객관적인 평가가 어려워진다. 그러하기에 디렉팅이 매우 중요하다. 음악이란 것이 불특정 다수에게 들려주는 것이므로 어느 정도 객관성을 유지하는 것이 좋다. 물론 소수를 위한 주관성이 매우 짙은 음악도 좋은 음악이 많지만 대중적인 호응을 얻기 위해선 음악에 관한 객관성이 매우 중요하다. 그러하기에 객관적으로 디렉팅을 해 줄 수 있는 디렉터가 있다면 보컬이나 악기 연주의 경우 레코딩을 여러 번 하는 수고도 덜 수 있을뿐더러 좀 더 좋은 퀄리티의 음악을 만들어 낼 수 있다.

(4) 어쿠스틱 녹음

라인을 통하는 악기들은 레코딩 시 노이즈가 유입되어 곡의 흐름을 방해하는 경우가 매우 적다. 하지만 어쿠스틱 악기의 녹음의 경우 노이즈가 유입되기 매우 쉬운 환경에 노출된다. 물론 방음이 제대로 갖춰진 녹음실의 경우라면 괜찮지만 그렇지 않은 경우는 방음에 대해 상당한 주의를 요한다. 마이크로 직접 수음을 하는 것이 대부분이기 때문에 홈 레코딩의 경우라면 컴퓨터의 파워 소리마저도 신경을 써야 한다. 그러니 가급적이면 보컬의 경우도 녹음부스가 제대로 갖춰진 곳에서 녹음할 것을 추천하고 악기도 어쿠스틱 녹음이라면 녹음실 사용을 권한다.

또한 마이크의 종류에도 신경을 써야 하는데 민감한 콘덴서 마이크보다는 다이내믹 마이크의 사용을 추천한다. 콘덴서 마이크의 경우 악보 넘기는 소리마저도 캐치해 낼 정도로 멀리 있는 소리까지 캐치하므로 근거리 수음에 강한 다이내믹 마이크가 어쿠스틱 녹음 시 좋다.

(5) 모니터링

레코딩 후 모니터링을 할 때는 자신이 가지고 있는 여러 가지 스피커와 헤드폰을 사용해 모니터링을 해보는 것이 좋다. 애널라이징에 대한 훈련이 오랜 시간 되어 있는 사람이라면 자신이 가지고 있는 모니터 스피커나 헤드폰 하나로 장비의 대역폭을 감안해 소리를 잡을 수 있지만 대부분의 홈 레코더들은 그렇지 못하다. 그렇기에 단일 기종의 모니터링 장비로만 모니터링을 할 경우 다른 곳에서 음악을 듣게 되면 자신이 만든 음악과는 조금 다르게 들리는 현상이 종종 생길 수도 있다. 이는 마스터링 과정에서 표준 애널라이징이 되지 않아서 그런 것이다. 그러므로 가능한 다양한 종류의 스피커나 헤드폰을 사용해 모니터링을 하는 습관을 들이자. 집에 있는 싸구려 이어폰으로도 모니터링을 해보는 것도 좋다. 그렇게 하다 보면 자신이 가진 모니터링 스피커나 헤드폰의 특색에 대해 어느 정도 감을 잡게 될 것이고 좀 더 원하는 레코딩을 할 수 있을 것이다. 또 좋은 방법 중의 하나로는 스탠더드하다고 많은 사람들이 평가하는 스피커를 하나 구입하여 다양한 볼륨에서 사운드 체크를 하는 것도 좋다.

또한 믹싱 시 너무 큰 레벨로 모니터링을 할 경우 악기 간의 마스킹 현상이 생길 수도 있으니 주의하자.

(6) 리버브

리버브는 쉽게 말해 곡에 공간감을 주는 이펙트라 할 수 있다. 물론 리버브라는 이펙트를 단순히 공간감만을 제공하는 이펙트라고 하기엔 청자들이 느끼는 비중은 아주 크다. 혹자들은 리버브를 이펙트의 백미라 말한다. 그런 만큼 이것의 활용도에 따라 음악의 느낌은 상당히 달라진다. 리버브는 단지 공간감을 형성하는 차원을 넘어서 자칫 드라이할 수 있는 음악을 풍성하게 만들어 준다. 그리고 소프트웨어의 플러그인 중에 컴프레서나 이퀄라이저 등의 플러그인은 외장 장비에 비해 그다지 떨어지지 않지만 리버브만은 플러그인으로는 입자가 곱지 못하고 소리에 리버브를 줄 때 Bit Processing의 과정에서의 밀도 차이, 원데이터 소스의 왜곡률 때문에 외장 장비를 추천한다.

그렇기에 하드레코딩을 할 때 경제적 여유가 있다면 외장 리버브 장비를 장만하거나 사정이 여의치 못하다면 멀티트랙 데이터를 가지고 외장 리버브가 있는 스튜디오나 작업실로 가서 리버브를 주는 방법을 택하는 편이 좋다.

물론 상황이 여의치 않다면 Protools이나 Nuendo 등의 리버브 플러그인을 사용해 보자.

(7) 마스터링 시 주의할 점

마스터링을 할 때는 가능한 스탠더드하게 하는 것이 좋다. 자신의 취향을 살려 중저음을 강하게 한다든가 고음을 강하게 하는 일 등은 하지 않는 것이 좋다. 왜냐하면 레코더도 좋아하는 스타일이 있듯이 청자도 각자가 좋아하는 스타일이 있고 그에 맞는 이퀄라이징을 하여 듣는 사람들도 많다. 그런데 이미 마스터링 과정에서 이퀄라이징을 스탠더드하지 못하게 해버리면 청자 입장에서 다시 취향에 맞게 이퀄라이징을 해버릴 경우 곡이 이상해지고 만다. 그러니 되도록이면 마스터링 과정에서는 이퀄라이저의 전 대역이 선명하고 스탠더드하게 하는 것이 좋다. 또한 본인이 음악을 듣는 과정에서도 가능한 이퀄라이징을 건드리지 않은 스탠더드한 상태로 듣는 버릇을 들여 자신의 귀를 스탠더드하게 만드는 것이 곡 작업을 하는 데 큰 도움이 된다.

(8) 백업

백업은 비단 음악 작업뿐만이 아니라 컴퓨터를 기반으로 하는 작업이라면 반드시 필요한 작업이다. 장시간 작업을 해본 유저라면 지금껏 해온 자료를 백업하지 않아 큰 손해를 본 경험을 한 사람이 대부분일 것이다. 작업을 하다 보면 다양한 프로그램과 자료들이 뒤엉키면서 충돌이 일어나는 경우도 생길 것이고 최악일 경우는 포맷도 생각해야 하는 경우가 생긴다. 이럴 경우를 대비하여 다른 외부 장치에 늘 자신의 자료를 백업하는 습관을 들인다.

(9) 페이드 인과 딜레이 기능

페이드 인은 영상 편집의 페이드 인과 비슷하다. 블랙화면에서 서서히 영상이 나오는 것을 페이드 인이라 한다면 녹음에서 음악이 갑자기 시작되는 것이 아니라 서서히 나오는 것을 말한다. 이는 보컬 녹음에서 매우 유용하다. 보컬마다 저마다의 대역을 가지고 있는데 음감이 정확한 사람이라면 상관없지만 대부분의 사람들은 첫 음이 들어갈 때 짧은 순간 부정확한 음을 내는 경우가 많다. 이는 상대음감이나 절대음감을 가진 이가 얼마 되지 않기 때문이다. 첫 음을 부정확하게 시작하고 서서히 피치를 맞춰가는 이들이 많기에 이 짧은 순간을 페이드 인하여 자연스럽게 만들어 정확한 음으로 시작하는 것처럼 만드는 효과를 낼 수 있다. 물론 소리 자체를 뮤트(mute)시키는 것은 아니지만 엄연히 부정확한 소리를 들려 주는 것이므로 음정이 나간 모든 부분에 쓸 수는 없다는 것을 알아두자.

그리고 보컬의 공간감을 살리기 위해 리버브를 사용하는 사람들이 많은데 딜레이로도 충분히 가능함을 알아두자. 리버브를 조금만 주고 딜레이를 잘 씀으로써 보컬의 공간감과 풍성함을 아주 훌륭하게 살릴 수 있다. 딜레이의 장점은 리버브처럼 플러그 인과 외부 장비의 차이처럼 심한 차이가 나지 않는다. 딜레이 차트를 보고 템포를 잘 계산해서 알맞은 딜레이타임을 주어 사용한다면 리버브 이상의 훌륭한 사운드를 만들어 낼 수 있다.

(10) 컴프레서

컴프레서는 소리를 압축하여 일정한 레벨로 유지시켜 주는 역할을 한다. 이러한 작업을 하는 이유는 청자들이 음악을 들을 때 들쑥날쑥한 레벨의 음악을 듣는 것보다는 일정한 레벨의 음악을 들을 때 편하게 들을 수 있기 때문이다. 예를 들어 보통 보컬의 경우 컴프레서 이펙팅 없이 그대로 들으면 도입부는 볼륨이 아주 작고 후렴구는 볼륨이 아주 높다. 이런 상태를 컴프레서 작업 없이 그대로 청자에게 들려 준다면 노래 한 곡을 들으면서 볼륨을 조절해야 하는 불편함과 거부감을 느낄 수 있기 때문에 곡의 처음과 끝의 밸런스를 잡아 주고 소리를 좀 더 단단하게 만들어 주는 작업이라 생각하면 된다.

또한 컴프레서는 다이내믹 레인지의 확보를 할 수 있다. 사람마다 차이가 있지만 인간의 귀는 200~300ms 동안 변화가 유지되어야 느낄 수 있는 데 반해 컴퓨터의 계측기는 1~10ms라도 0dB을 넘으면 Peak가 떠버리고 만다. 그렇기에 컴퓨터가 처리할 수 있는 범위를 초과해 버리는, 즉 200~300ms가 안 되는 크기의 변화는 어차피 청자에게 느껴지지 않으므로 줄여 버리고 그만큼의 볼륨을 확보할 수 있게 된다.

컴프레서 작업을 위한 아주 기본적이며 핵심이 되는 것은 다음과 같다.

① Threshold

유입되는 입력 신호에서 압축 작동할 레벨을 정하는 것으로 Threshold보다 큰 레벨은 제어의 대상이 되어 압축된다.

② Ratio

압축 비율이라 불리는 것으로 수치상 비율이 4 : 1이면 입력이 4dB 변할 때 Compressor Output은 1dB씩 변한다. 일반적으로 2 : 1, 4 : 1, 8 : 1 등의 비율이 많이 쓰인다.

③ Attack Time

Threshld 이상의 큰 소리에 동작하는 반응시간을 일컫는 것으로 소리의 음색과 관계되므로 주의해야 한다. Attack Time을 0.5초로 잡아주면 Threshold 이상의 소리를 0.5초 후에 압축하게 된다. 주의할 것은 Attack Time이 짧아 바로 압축에 들어가면 소리가 둔하고 흐리며 불투명하게 들린다는 것인데 악기의 특성을 고려하여 세팅하여야 한다. 드럼이나 일렉트릭 기타, 피아노와 같이 Dynamic Attack 사운드가 필요한 악기의 경우 Attack Time을 길게 설정해 두는 것이 좋다.

④ Release Time

Release Time이란 입력 레벨이 Threshold보다 낮아지게 될 때 압축을 바로 중지할지 아니면 어느 정도의 시간 동안 유지할지를 결정하는 시간을 말한다.

(11) 스튜디오와의 연계 작업

현재 대부분의 스튜디오에서는 프로툴이나 누엔도를 사용하고 있는데 이는 홈 레코딩한 세션을 가지고 스튜디오로 가서 마무리를 할 수 있다는 말이다. 그렇기에 주의할 점이 몇 가지 있다. 대부분의 스튜디오에서는 윈도우즈보다 맥킨토시를 더 많이 사용하고, 일반인들은 윈도우즈를 더 많이 사용한다. 그렇기에 스튜디오에 가져간 세션을 로드하기 전에 엔지니어에게 Sample Rate와 Bit Resolution을 말해 주어야 한다. 이는 보통 스튜디오에서 맥킨토시 24Bit 작업 세션을 하기에 Bit 수나 Rate 수가 달라지면 로드 시 피치가 달라지는 일이 생기게 된다.

또한 컴퓨터와 외장 오디오 인터페이스를 가지고 가는 경우에는 Synchronization에 신경을 써야 함도 잊지 말아야 한다. 싱크는 영상이건 음악이건 기본 중의 기본이다. 어렵게 작업한 곡의 싱크가 맞지 않는다면 지금까지의 노고를 헛수고로 돌리는 셈이다.

(12) 노이즈

홈 레코딩을 하다 보면 노이즈의 유입 문제는 매우 골치 아픈 요소 중 하나이다. 전원 파형의 뒤섞임, 전압 변동, 장비와 환경의 열악함 등을 원인으로 꼽을 수 있는데, 추구하는 음악이 강렬한 음악이라면 어느 정도 커버가 될 수 있을지 모르나 조용한 분위기의 어쿠스틱 음악 같은 경우에는 쉽사리 넘어갈 수 있는 수준의 문제가 아니게 된다. 이러한 문제를 해결하기 위해서는 철저한 방음은 물론 내 · 외부 시설들까지 신경을 써야 한다. 가장 좋은 방법은 전문 스튜디오에서 녹음하는 것이긴 하나 현실적으로 불가능하다면 자신이 할 수 있는 최대한의 노력을 한 뒤 녹음을 해야 한다. 어떤 이들은 노이즈가 심함에도 불구하고 무작정 레코딩을 진행한 뒤 노이즈가 나오는 대역폭을 지워 버리겠다는 이들도 본 적이 있는데 이러한 행위는 노이즈만 지우는 것이 아니라 곡에 필요한 원음까지 삭제하여 곡 자체를 훼손하는 경우도 생김을 명심하자.

(13) 레이튼시

레이튼시란 녹음한 음악과 모니터링한 음악과의 미묘한 지연을 말한다. 이러한 현상은 빠르고 리드미컬하며 다양한 악기가 들어가는 경우에 문제가 발생하는 경우가 많다. 레이튼시 현상이 심하면 악기를 따로 녹음할 경우 모니터링하는 음악에 맞춰 연주하게 될 때 악기 간 박자가 미묘하게 어긋나 버리기 때문이다.

이러한 현상은 전문 스튜디오에서 녹음을 하더라도 아주 조금은 생기기도 하는데 그렇기에 외부 믹서를 이용하기도 한다. 방법은 미리 준비된 반주와 추가로 녹음할 연주자의 악기 소리를 같이 외부 믹서에 인풋 시켜 다이렉트로 컴퓨터 오디오 인터페이스 인풋 시킨 뒤 모니터링하며 녹음을 한다. 하지만 이것은 외부 믹서가 있어야만 가능한 것이다. 외부 믹서가 없는 환경에서 하드레코딩을 하는 경우에는 녹음 시 버퍼 사이즈가 크면 클수록 레이튼시도 따라서 커지기에 우선 버퍼 사이즈부터 줄여야 한다. 그리고 버퍼 사이즈를 줄이고도 신경이 쓰인다면 모니터링을 포기한 채 녹음을 하는 방법도 있다.

5) 음향 용어 정리

- ambience

콘서트 홀 또는 스튜디오의 초기 반사파와 잔향으로 공간성 형성에 지대한 영향을 미친다. 음악 장르에 있어서 공간성을 중시하는 경우 엠비언스 뮤직이라고도 부른다.

- assign

한 개의 오디오 신호를 하나 이상의 채널로 보내는 것을 말한다.

- attack time

컴프레서에 있어서 어택 타임은 트레숄드 이상의 입력 신호가 압축되기 시작하는 시간을 의미한다.

- back electric condencer microphone

별도의 팬텀 파워를 주어야 하는 콘덴서 마이크로폰과 달리 마이크로폰 내부에 건전지가 들어가 전원을 공급하는 콘덴서 마이크로폰을 말한다.

- balanced cable

두 개의 오디오 선과 실드로 이루어진 케이블로 프로페셔널 음악의 기본적 케이블. 마이크로폰 스타일의 XLR과 Stereo Phone Jack 스타일의 TRS 플러그 타입이 있다.

- basic tracks

음악의 토대를 이루는 기본적인 리듬악기들(드럼, 베이스, 기타 등)이 녹음된 트랙들

- bouncing tracks

녹음기의 트랙 수를 극복하기 위해서 이미 녹음된 트랙들 중 일부 트랙들을 믹스하여 녹음하는 빈 트랙들을 말한다.

- bus

콘솔, 믹서의 출력으로 입력된 소리들은 이 경로를 통해 레코더, 아웃보드, 파워 앰프 등에 전달된다. 믹싱을 위해서 이 버스의 숫자가 많을수록 유리하다.

– cardioid microphone

감도가 배면에서 가장 약하고 정면 소리에 대해선 감도가 높은 마이크로폰, 측면으로 갈수록 소리 감도가 약해진다.

– chorus

지연된 음과 원음을 혼합한 후 딜레이 시간을 주기적 혹은 일정치 않게 변화시켜 원음을 부드럽게 만드는 이펙터이다.

– compressor

입력 신호 중 트레숄드보다 큰 레벨이 발생할 때 사용자가 정한 비율로 감소시키는 다이내믹 프로세서이다.

– condenser microphone

소리의 크기에 따라 진동판과 금속판의 전하가 충전되고 전압이 발생하는 원리를 가진 마이크로폰으로 뛰어난 고음 특성을 가지고 있기 때문에 어쿠스틱 녹음에 자주 활용된다.

– crossfade

적게는 특정 소리 구간의 뒷부분과 또 다른 특정 소리 구간의 앞부분의 겹치기를 의미하고 크게는 곡간의 겹치기를 의미하는 것으로 편집과 마스터링 시 활용된다.

– cross talk

한 채널의 신호가 주변 채널에서도 들리는 현상으로 주로 콘솔의 인접 모듈에서 발생한다.

– DAT

보통 믹스가 끝난 후 최종 결과물을 담는 회전 헤드를 사용한 디지털 녹음기

– dB

높이를 뜻하는 오디오 레벨 측정단위 데시벨(decibel)의 약자

– dead

잔향이 거의 없는 건조한 상태

- decay

잔향이 시간이 지남에 따라 감소하는 것을 의미하기도 하고 피크 레벨이 평균 레벨로 감소하는 부분을 의미하기도 한다.

- deesser

거슬리는 치찰음을 제거하는 시그널 프로세서

- delay

원음과 지연음 사이의 시간을 뜻하며 원음과 지연음을 조작적으로 다루는 시그널 프로세서를 의미하기도 한다.

- direct box

마이크로폰을 사용하지 않는 악기, 예를 들어 베이스 기타(물론 앰프에서 나오는 소리를 마이크로폰으로 수음할 수도 있다)를 콘솔에 연결하기 위한 장비로 언밸런스 케이블을 접속하여 밸런스 케이블 아웃으로 만들어 준다. 간단한 이퀄라이저가 포함되기도 한다.

- direct out

각 채널의 오디오 신호가 페이더를 거쳐 메인 믹스로 합쳐지기 전에 채널의 오디오 신호를 독립적으로 출력하는 단자로 믹서를 이용한 멀티트랙 레코딩이나 콘서트에서 오디오 신호를 나누어 출력할 때 유용하다.

- doubling

① 악기나 보컬 음색을 두텁게 만들기 위해 연주 녹음을 두 번 하는 것

② 딜레이를 이용, 딜레이 타임을 15~35ms 정도 지연시켜서 원음과 믹스하여 두 번 연주한 듯한 효과를 연출하는 기법으로 믹싱에서 매우 중요하게 활용된다.

- driver

소프트웨어들은 컴퓨터상에서 하드웨어를 작동하기 위해 드라이버를 필요로 한다. 음악 소프트웨어들이 사용하는 드라이버들은 MME, Direct Sound, WDM, ASIO(Steinberg 회사 제품군), EASI(EMAGIC Logic), GSIF(기가 셈플러), Triple DAT 등이다.

- dynamic microphone

마이크로폰의 진동판 뒤에 달린 코일이 진동에 따라 움직이면서 전압을 발생시키는 마이크로폰으로 주로 무빙 코일형 다이나믹 마이크로폰이 쓰이고 음량이 크고 거친 보컬이나 다이내믹 레인지가 큰 타악기의 수음에 많이 쓰인다.

- dynamic range

가장 작은 소리와 큰 소리의 레벨 차이 범위를 말한다.

- earth ground

험 노이즈 방지를 위해 긴 구리 막대나 수도관을 그라운드로 사용, 습기가 많은 땅에 연결하는 것을 말한다.

- echo

산에서 들리는 것처럼 자연에서 만들어지는 반복 현상으로 딜레이를 50ms 이상 잡아 원음과 믹스한다.

- equalizer

신호의 주파수 스펙트럼을 제어하는 장비를 말한다.

- expander

다이내믹 레인지를 넓히는 시그널 프로세서로 보통 잡음을 감소시키기 위한 노이즈 게이트로 쓰인다.

- feedback

오디오 시스템에서 출력된 소리가 입력으로 다시 들어가는 현상

- filter

설정한 주파수보다 높거나 낮은 소리를 섬세하게 감소시키는 회로로 불필요한 저음과 고음을 줄일 수 있다. 원리를 이용 자극적인 소리를 만들어 낼 수도 있는데 이러한 필터링을 통한 자극적인 음색들은 주로 일렉트로니카 음악에서 많이 쓰인다.

– flanger

딜레이 시간을 연속적으로 변화시켜서 각 자연음들을 믹스해 특수한 효과를 만들어 내는 이펙터로 긴장감을 만들어 내거나 자극적인 연출을 할 때 많이 쓰인다.

– fletcher munson effect

귀의 주파수 특성은 레벨이 작을수록 고음과 저음에서 감도가 떨어진다는 이론, 즉 모니터링은 작은 레벨과 큰 레벨을 오가며 수행해야지 음악의 음질을 살릴 수 있다.

– frequency

측정단위가 Hz인 오디오 신호 초 당 사이클 수. 높은 주파수는 피치가 높고 낮은 주파수는 피치가 낮다.

– gain

입력 전압과 출력 전압의 비율을 데시벨로 나타낸 것으로 게인이 올라갈수록 오버드라이브가 생긴다.

– gate

설정한 트레숄드보다 작은 레벨의 신호를 제거하는 장비로 악기의 진동음을 감소시킬 때 주로 사용한다.

– group

믹싱 시 중요한 개념으로 콘솔에서 여러 채널을 하나로 묶어 같이 움직이도록 한 것으로 예를 들어 하나의 리버브 프로세서의 여러 개의 채널들을 묶어 AUX로 보내거나 각 채널 페이더들이 같은 움직임으로 오토메이션 되는 경우를 말한다.

– headroom

음성 신호의 질을 최상의 상태로 유지하려면 오디오 장비 안에서 흐르는 오디오 신호를 가능한 노이즈 레벨보다 최대한 크고, 일그러지는 피크 레벨보다는 작게 유지해 줘야 하는데 이러한 원칙에서 정한 레벨을 동작 레벨(Operating Level)이라고 하며 이 동작 레벨과 피크 레벨까지의 차이를 헤드룸이라고 한다. 헤드룸이 너무 작으면 과잉 입력 시 일그러짐이 발생하고 또 너무 크면 노이즈가 신호에 비해 커져 귀에 거슬리게 된다.

- hum

교류 전원에서 발생하는 50～60Hz의 저주파를 말한다.

- impedance

음성 신호 등의 교류 전류에 대해 자항으로서 반응하는 다양한 요소를 지칭. 통상 자항과 같은 Ω이란 단위로 나타낸다. 예를 들어 코일은 직류를 잘 통과하지만 교류일 때는 주파수가 높아질수록 저항 성분이 높아진다. 콘덴서는 직류를 전혀 통과하지 못하고 교류에 대해서는 주파수가 낮을수록 저항이 크다. 결국 임피던스란 저항 성분을 모두 합한 것으로 주파수에 따라서 수치가 변화한다.

- incidental music

영화나 연극에서의 배경 반주 음악으로 음악 자체의 완성도보다는 영상과 분위기를 살리는 데 주안점을 둔다.

- interface

신호의 다이내믹, 형식, 레벨 등이 다른 회로나 장치를 연결해 주는 중계자 역할의 회로를 말한다. A/D 컨버터는 디지털과 아날로그 신호의 인터페이스이고 MIDI 인터페이스는 컴퓨터가 미디 신호를 알아들을 수 있도록 통역자 역할을 하는 인터페이스이다.

- insert

신호나 데이터를 삽입하는 것으로 믹서에 인서트 단자가 있는 경우 페이더 전에 신호를 내어서 특정 이펙터에 보내어 입력에서 이펙트 처리한 음을 페이더로 되돌릴 수 있다.

- limiter

레벨을 지정하여 트레숄드보다 큰 신호들은 모두 트레숄드 정도로 감소시키는 시그널 프로세서. 레벨 변동을 일정하게 만든다.

- loop

예를 들어 한 마디나 두 마디의 샘플링 프레이즈가 계속해서 반복되는 것으로 현 대중음악에서 매우 중요한 방식이다.

- low pass filter

정해진 주파수보다 낮은 주파수들은 통과시키고 높은 주파수들은 감소시키는 필터로 이와 반대 기능을 하는 경우 high pass filter라고 한다.

- masking

한 번에 여러 가지의 소리가 날 때 작은 소리가 큰 소리에 묻혀 잘 들리지 않게 되는 현상을 말함. 저음이 고음을 마스크 하는 정도는 고음이 저음을 마스크 하는 것보다 크다.

- maching

두 개의 회로가 결합할 때 최대한 손실을 줄이고 출력은 크게 하기 위해 서로의 단자에서 임피던스나 레벨 관계를 적절한 조건으로 조절하는 것

- MDMs

8트랙 디지털 오디오 신호를 비디오테이프에 녹음하는 디지털 멀티트랙 레코더로 통상 S-VHS 테이프를 사용하는 Alesis Adat 계열과 Hi-8mm 테이프를 사용하는 Tascam DA-88 계열로 나뉜다. rotary head 방식이며 fixed head 방식인 레코더들에 비해 가격이 저렴하다는 이점이 있으나 트랙 수가 적고 안전성이 떨어진다는 단점을 가지고 있다.

- mix down

멀티 트랙의 각 트랙에 음색 조절과 이펙팅, 오토메이션, 밸런스 pan 조절 등을 하여 2트랙으로 녹음하는 작업으로 마스터링 전 마지막 단계이다.

- MR

보컬 부분을 제외한 반주부를 믹스해 2트랙(Stereo로)에 담은 것

- noise gate

지정한 레벨 이상의 신호가 들어왔을 때에만 신호를 통과시키는 장치로 보통의 경우 노이즈 레벨은 입력 신호에 비해 매우 작으므로 트레숄드 레벨을 적절히 설정하면 원음을 손상시키지 않으며 좋은 효과를 볼 수 있다.

- noise reduction system

테이프의 잡음(hiss noise), 앰프에 깔린 노이즈를 저하시키기 위한 장치. 신호가 클 때는 노이즈가 잘 들리지 않지만 신호가 작아지면 노이즈가 잘 들리게 된다. 이 원리를 이용하여 신호가 작을 때만 레벨을 올려 녹음하고 재생 시 원상태로 되돌림으로써 상대적으로 노이즈를 작게 만든다. Dolby와 dbx 방식이 있다.

- omnidirectional microphone

소리가 어느 방향에서 나오더라도 일정한 감도를 나타내는 무지향성 마이크로폰이다.

- overdubing

녹음이 이미 되어 있는 트랙을 들으며 새로운 녹음을 추가하는 방식이다.

- overload

소리의 일그러짐이 생기는 입력 레벨을 지칭한다.

- PA(Public Address)

PA란 퍼블릭 어드레스(Public Address)의 약자로, 즉 대중과 이야기를 나눈다는 의미를 가진다. 구체적으로는 앰프로 소리를 확성해서 스피커를 통해 사람들에게 정보를 전달하는 것을 말한다. 멀티큐브 차량이나 안내 방송에서부터 극장의 기기를 통한 소리 확대에 이르기까지 폭넓은 의미를 지니는 확성기술이다.

- patch bay

콘솔, 이펙터, 마이크로폰 등의 기기로부터의 입출력 단자 및 회선의 한쪽 끝들을 한곳에 모아 놓은 패널로 입출력전반, 패치 반이라고도 한다. 단자와 단자를 접속하기 위한 것을 패치 코드(patch cord)라 하고 단자 사이를 접속하는 것을 패칭(patching)이라고 한다.

- parameter

예를 들어 이펙터와 같은 저자기기를 컨트롤할 때 작동 상태를 조정하기 위해 사용자가 의도대로 가변할 수 있는 가변요소(톤, 볼륨, 타임 등)를 의미한다.

- peak

오디오 신호의 파형에서 가장 높은 점으로 신호의 전압과 음압이 가장 크다.

- phantom power

콘덴서 마이크로폰의 전원 공급 스위치로 +48Volt가 기준이다.

- phone plug

일명 RCA로 불리는 중심핀에는 플러스 신호가 흐르고 링에는 그라운드 또는 실드를 연결하게 되어 있는 동축 플러그이다.

- pink noise

모든 주파수 성분이 걸쳐 있는 잡음으로 옥타브 대역에 대해 일정한 음향 에너지를 가지고 있으며 주로 실내 음향 조건을 조정하는 데 사용된다.

- pitch

정해진 음의 높이, 즉 피치가 불안하다는 것은 음정이 불안하다는 것을 의미한다.

- pitch shifter

입력 신호의 피치를 변환시키는 이펙터로 템포가 변하는 방식과 템포가 변하지 않는 두 가지 방식이 있다. 주로 보컬의 음정을 보정하거나 코러스 효과를 위해 원음과 믹스하는 경우에 사용한다.

- plate reverb

가장 기본이 되는 리버브의 형태로 큰 연장 철판에 스피커와 같은 드라이브 유닛을 끼워 철판을 진동시키고 이 진동으로 2개의 픽업 유닛에서 잔향을 만드는 것을 원리로 하고 있다. 잔향 시간의 조정은 철판과의 거리에 의해 이루어진다. 시뮬레이션 되어 대부분의 디지털 리버브에 플레이트 모드로 포함되어 있다.

- preset

기기의 파라미터를 사전에 설정하여 기억시켜 놓는 것을 말한다. 보통 플러그인들에는 프리셋이 있어 편리하게 원 터치로 불러내 활용할 수 있다.

- pre fader

페이더에 입력되기 전의 신호 레벨을 지칭한다. 채널 페이더에 의한 영향을 받지 않기 때문에 독자적인 음량을 AUX 보내기 등을 할 수 있다. 반대의 개념으로 포스트 페이더(Post fader)는 채널 페이더로 레벨을 변화시켜 가며 AUX로 외부 장비, 예를 들어 리버브 등과 같은 이펙터에 보내 이펙팅된 신호를 믹스하여 사용할 경우 이용된다.

- punch in/out

재생 시 설정한 트랙 구간이 순간적으로 녹음 상태로 바뀌는 것을 펀치 인이라 하고 녹음 상태였던 구간이 끝나며 순차적으로 재생 상태로 회귀하는 것이 펀치 아웃이다. 주로 연주의 일부 잘못된 곳을 재녹음할 때 사용한다.

- Q

cue의 약어로 특정 기기의 성능을 나타내는 지표를 말한다. 이퀄라이저나 필터에서 주파수 특성 커브의 날카로움을 나타낼 때 Q값이 높다든지 낮다든지 하는 표현을 한다. 밴드 패스 필터와 이퀄라이저에서 사용되는 밴드 대역폭(band width)이나 주파수 대역폭은 이 Q를 특별한 형태로 나타낸 것이다.

- rack

오디오 장비를 설치하는 19인치 폭의 금속 혹은 나무 캐비닛

- release time

컴프레서로 압축된 신호가 원래의 레벨 상태로 되돌아가는 시간을 말한다.

- reverb

원 소리의 남아 있는 여음을 이용한 이펙트로 시리 반사를 원리로 하고 있다. 각 반사음들 사이의 시간 간격은 좁아서 연속음으로 들린다. 음악이 공간예술이므로 가장 중요한 이펙터라 할 수 있다.

- ribbon microphone

긴 금속 진동판이 자계 내에 부착된 다이내믹 마이크로폰이다.

- rotary head

테이프가 회전하고 있는 Drum Head에 일정한 속도로 접촉하며 전송되는 것으로 보다 많은 PCM 디지털 오디오를 전송하기 위해 수평이 아닌 약 15도 가량의 경사로 접촉한다.

- rough mix

완전하지 않더라도 믹싱 작업을 미리 해서 세션이나 작곡자에게 들려 주는 용도의 믹싱을 말한다.

- sampling

오디오 소리를 가공 손질하여 디지털 데이터로 변환시킨 후 메모리칩에 저장하는 것으로 컴퓨터 음악의 중요 요소이다.

- saturation

지나친 입력 레벨로 일그러짐 발생이 시작되는 상황을 지칭한다.

- sequencer

연속적인 음들의 파라미터들을 메모리칩에 저장한 후 재생하는 기기

- shelving equalizer

설정한 주파수 이상 또는 이하의 주파수의 레벨을 증가시키거나 감소시키는 이퀄라이저이다.

- signal

소리를 전압으로 나타낸 것

- signal processor

신호를 기기의 독자적 알고리즘을 통해 변환시키는 장비를 말한다.

- smpte time code

다수의 장비들을 한꺼번에 작동시키기 위한 변조된 1,200Hz 펄스타로 이루어진 코드

- spectrum

주파수와 레벨의 관계를 나타낸 것으로 배음과 기본 주파수가 구성요소이다.

- sustain

음의 레벨이 일정 지속하는 부분으로 예를 들어 일렉트릭 기타의 긴 비브라토 음 같은 것을 말한다.

- sync track

장비의 동기를 위한 SMPTE 타임 코드나 FSK 코드가 녹음된 트랙을 말한다.

- take

하나의 곡을 여러 번 연주 또는 믹싱한 횟수로 테이크 One은 첫 번째 녹음, 테이크 Two는 동일한 곡의 두 번째 녹음을 지칭한다. 여러 테이크 중 잘된 부분들을 편집해 곡을 완성한다.

- threshold

익스펜더, 노이즈게이트, 컴프레서의 작동 레벨로 컴프레서에서 입력 레벨 중 트레숄드보다 큰 신호들은 압축되고 익스펜더에서 트레숄드보다 작은 신호는 커진다.

- trim

레벨을 미세하게 조정할 때 사용하는 조정기로 콘솔 버스 트림이나 프리 앰프 게인 트림이 있다.

- unbalanced line

실드 선과 오디오 선, 두 개로 이루어진 케이블을 말한다.

- velocity

단어의 뜻 자체는 속도를 의미하지만 Midi에서는 터치의 강약을 의미한다. 예를 들어 신디사이저의 건반은 터치가 들어가면 여러 개의 시간차 접점을 가져서 강도를 계산한다. 물론 건반에 센서를 달아 감지할 수도 있으나 이 방식은 접점 사이의 시간차로 강약을 계산하는 방식에 비해서 제작비가 더 들어간다는 단점을 가지고 있다.

- VU meter

움직임이 사람의 귀가 가진 청각 특성과 거의 같은 미터로 평균 레벨을 보여 준다.

6. 저장방식

코덱(Codec)은 컴프레스(Compress)와 디컴프레스(DECompress)의 합성어로 '변복조기'라고도 하며 아날로그 신호를 디지털 신호로 변환하는 과정에서 압축을 어떤 방식으로 처리할 것인지 결정한다. 또한 영상이나 음성 데이터를 컴퓨터가 인식할 수 있는 언어로 바꾸어 저장하고 재생할 때 다시 컴퓨터 언어를 번역하여 영상이나 음성으로 출력해 준다. 즉 편집한 영상을 하나의 재생 가능한 영상으로 압축 변환 시키는 것을 인코딩(Encoding)이라 하는 것이다. 이때 압축 변환시키기 위해서는 코덱이라는 것을 설정해 주어야 하는데 코덱은 비디오 코덱과 오디오 코덱으로 분류된다. 여기서는 비디오 코덱만 간단히 알아보고자 한다.

보통 홍보 편집 시 녹음실을 보낼 때는 QuickTime이라는 애플사의 코덱으로 작게 뽑아 보내는 경우가 많으며, 모든 작업이 완료하고 납품하는 형식은 WMV를 많이 사용한다.

보통 주로 쓰는 코덱을 간단히 설명하자면, AVI는 마이크로 소프트에서 만든 윈도우 표준 방식으로 캡처 받을 때 보통 AVI로 저장된다. 압축률이 높지 않아 용량이 크나, 화질이 좋다. MPEG는 국제 동영상 표준화 그룹에서 만든 코덱으로 압축률이 높아 용량이 크지 않고 화질이 좋아 인터넷, PMP 등 미디어 매체의 기기에서 자주 쓰이며 다양하게 쓰이는 포맷이다.

MPEG 코덱은 영상과 음성을 따로 압축시킨 후 이를 동기화시키는 특징을 가지고 있다. 동영상 편집에서 이용되며 부드러운 움직임과 용량이 적기 때문에 상대적으로 장시간의 촬영이 가능하다는 장점이 있지만 동영상 변화 값에 대한 부호화 과정이 매우 복잡하다는 단점이 있다. MPEG 코덱과 함께 자주 사용되고 있는 DivX 코덱은 MPEG-4를 기반으로 한 변종 코덱으로 MPEG-4와 비교해 압축률이 뒤떨어지지 않으면서 저속 데이터 전송 시 MPEG-4만큼 부드러운 영상을 구현할 수 있다.

WMV는 마이크로 소프트에서 표준으로 사용하는 형식으로서 압축률이 좋고 화질이 좋으며, 모든 동영상 재생 프로그램, 인터넷, 윈도우에서 기본으로 지원하기 때문에 호환성이 높아 편집 후 업체에 납품할 때 많이 쓰인다. 프리미어나 애프터 이펙트에서 비트레이트를 4,000 정도 주면 화질이 좋게 출력된다. MOV는 애플에서 지원하는 형식으로

QuickTime 플레이어를 설치해서 재생하여야 한다. 화질 손상이 없으나 그만큼 용량이 큰 단점이 있다. 최근에는 코덱이 발전하고, 동영상 프로그램에서 지원하는 경우가 많아 재생이 되는 재생 프로그램도 있으나, 더디게 열리는 편이다.

〈표 7-1〉 포맷 설명

인코딩 형식	내용	확장자
MPEG1	MPEG 표준규약으로 VHS와 CD-ROM, 29.97 Non-drop Frame의 Video-CD 형식까지 포함.	MPA, MPG, MPV, M1V
MPEG2	MPEG1의 상위규약으로 Super Video-CD와 DVD 및 HDV/HDTV와 Blue-ray 디스크의 HD 인코딩 프리셋을 제공하여 Dolby Digital Audio 형식을 포함.	MPG, MPA, M2V, WAV
H.264	MPEG4 AVC 기반으로 3GPP 휴대폰, 모바일 장치와 Blu-ray 디스크의 HD 인코딩에 이르기까지 확장된 프리셋을 제공. MPEG2와 동일한 품질을 가지면서 압축률 대비 파일 용량이 효율적이어서 최근 각광받고 있는 형식임. 웹 전송용으로 유튜브, 구글비디오, 야후비디오, 마이스페이스 등의 프리셋을 별도로 제공.	3GP, MP4, M4A, M2T, M4V
Adobe Flash Video	웹 전송용으로 On2 NP6, Sorenson Spark 코덱 기반의 Flash Video 프리셋을 제공.	FLV
QuicTime	Apple의 멀티미디어 아키텍처로 퀵타임 전용 코덱과 함께 Clip Notes PDF 제작도 가능.	MOV
RealMedia	RealNetworks가 개발한 멀티미디어 형식.	REVB
Window Media	Microsoft 멀티미디어 아키텍처이며, 웹 전송용으로 Clip Notes PDF 제작 유형도 포함.	WMV, WMA

출처: 김상준(2009) 참고

부록

1

• 컨셉 Concept

배려하는 대학 그래서 가까운 대학

CARE&NEAR

출처- 한림대학교

학생 한명 한명 최선을 다하는 CARE 한림,
경춘복선전철의 완공으로 가까워진 Near 한림

20초와 8분 홍보영상을 통해
한림대학의 홍보전략인 CARE&NEAR를 쉽게 이해하도록 돕는다.

HALLYM UNIVERSITY PR FILM - PROPOSAL

2

•8min PR Film.

Part	Structure
Prologue	스팟영상으로 춘천, 경춘복선전철, 한림 캠퍼스 등을 교차편집하여 보여줌
History	연혁과 주요 성과
Body	학문간 가까운 대학 창의적인 인재 육성을 위한 융합형 교육을 실시하는 한림대학교
	세계와 가까운 대학 글로벌 네트워크를 통해 세계적 인재를 양성하는 한림대학교
	학생과 가까운 대학 정주대학의 모델을 완성하는 한림대학교
	사회와 가까운 대학 학생들의 효과적 진로설계를 위해 노력하는 한림대학교
	집에서 가까운 대학 경춘선복선전철 개통을 통해 서울과 가까워진 한림대학교
Epilogue	주요 하이라이트 영상

HALLYM UNIVERSITY PR FILM - PROPOSAL

3

•프롤로그 Prologue

✓ Tone & Manner

HALLYM UNIVERSITY PR FILM - PROPOSAL

4

•프롤로그 Prologue

Part	VISUAL
Prologue	영상에 흥미를 느끼고 몰입하도록 긴장감있고 비트있는 음악에 맞춰 영상을 빠르게 교차편집한다. 마지막 영상 후 타이틀 자막이 나오고 음악과 함께 페이드아웃.
VIDEO	** 춘천, 경춘복선전철, 한림대 캠퍼스 + 다양한 표정의 학생들 

•연혁 및 주요성과 History

✓ Tone & Manner

•연혁 및 주요성과 History

Part	VISUAL
History	감각적이고 세련된 컴퓨터그래픽을 사용하여 다양한 영상 구도는 물론, 텍스트와 사진을 효과적으로 배치한다. + 내레이션을 통해 주요 연혁,성과를 정확하게 전달한다.
VIDEO	** 연혁 관련 사진 자료   

HALLYM UNIVERSITY PR FILM - PROPOSAL

7

•주요내용 Body

✓ Tone & Manner

HALLYM UNIVERSITY PR FILM - PROPOSAL

8

•주요내용 Body

<table>
<tr><th>Part</th><th colspan="5">VISUAL</th></tr>
<tr><td>Body</td><td colspan="5">5D Mark2는 따뜻한 색감과 강한 컨트라스트 표현이
가능하며 다채로운 색을 구현한다. 이를 사용하여
한림 캠퍼스를 더욱 선명하고 화사하게 표현한다.
+
학생, 교수, 직원 등 각기 다른 인물들의 인터뷰를 통해
5가지가 가까운 한림대학교에 대한 신뢰도를 높여준다.
(5D 사용,인터뷰시 주변이 아웃포커싱되어 인물이 부각되고 선명하게 보인다.)</td></tr>
<tr><td rowspan="2">VIDEO</td><td>브릿지①
관련내용+인터뷰
</td><td>브릿지②
관련내용+인터뷰
</td><td>브릿지③
관련내용+인터뷰
</td><td>브릿지④
관련내용+인터뷰
</td><td>브릿지⑤
관련내용+인터뷰
</td></tr>
<tr><td>학문간 가까운 대학</td><td>세계와 가까운 대학</td><td>학생과 가까운 대학</td><td>사회와 가까운 대학</td><td>집에서 가까운 대학</td></tr>
</table>

HALLYM UNIVERSITY PR FILM - PROPOSAL

9

8min PR Film 차별된 Bridge

타이틀과 인터뷰로 이야기를 전환하는 기존의 방식에서 벗어나,

스토리라인이 있는 브릿지를 배치한다.

스토리 브릿지는 서울에 거주하는 한 여학생의 '한림 캠퍼스 라이프'를

팔로우하여 5가지 구분된 한림의 이미지를 시각적으로 보여준다.

각 영상 마지막에는 자막을 넣어 브릿지 영상 후에 오는 내용에 대해 암시한다.

HALLYM UNIVERSITY PR FILM - PROPOSAL

10

•브릿지 Bridge

✓ Tone & Manner

HALLYM UNIVERSITY PR FILM - PROPOSAL

11

•브릿지① Bridge

Part	VIDEO	VISUAL
Bridge	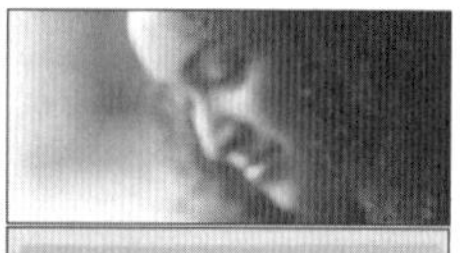	#1 여학생이 책상을 바라보고 있다
	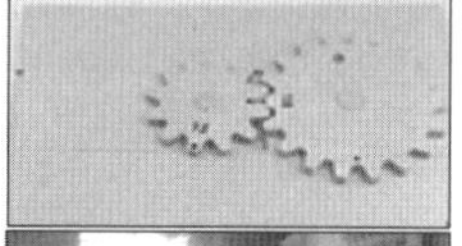	#2 책상위에 놓여진 톱니바퀴들
		#3 톱니바퀴의 이가 물리도록 맞추는 여학생
		#4 톱니바퀴 구멍을 통해 카메라를 응시한다. 자막〉 학문간 가까운 대학, 한림 (Emotion care, HALLYM)

HALLYM UNIVERSITY PR FILM - PROPOSAL

12

•브릿지② Bridge

Part	VIDEO	VISUAL
Bridge		#1 여학생이 잔디밭에 담요를 펼치려 한다
		#2 담요 뒤에 가려졌던 다른 외국학생들이 담요 모서리를 잡고 동시에 펼친다
		#3 한자리 모여 앉는 학생들
		#4 외국 학생과 즐겁게 대화하는 여학생 자막) 세계와 가까운 대학, 한림 (Network care, HALLYM)

HALLYM UNIVERSITY PR FILM - PROPOSAL

13

•브릿지③ Bridge

Part	VIDEO	VISUAL
Bridge		#1. 여학생이 학교 카페에 앉아 창밖을 바라보며 사색에 잠겨 있다
		2# 커피를 들고 누군가 들어온다 커피를 받아들고 환화게 웃는 여학생
		3# (창밖에서 바라 본 카페안) 여학생과 교수가 즐겁게 대화하고 있다 자막) 학생과 가까운 대학, 한림 (Emotion care, HALLYM)

HALLYM UNIVERSITY PR FILM - PROPOSAL

14

•브릿지④ Bridge

Part	VIDEO	VISUAL
Bridge		#1 여학생이 당당한 걸음으로 거리를 걷는 모습 (다양한 앵글로 보여짐)
		#2 여학생의 사진이 붙은 사원증이 보인다
		#3 환화게 웃으며 당당하게 걷는 여학생의 모습 자막〉 사회와 가까운 대학, 한림 (Career care, HALLYM)

HALLYM UNIVERSITY PR FILM - PROPOSAL

15

•브릿지⑤ Bridge

Part	VIDEO	VISUAL
Bridge		#1 여학생이 지하철에서 음악을 들으며 책을 본다
		#2 여학생의 머리위로 햇살이 밝게 비춘다
		#3 지하철 창밖으로 보이는 자연 풍경 #4 다리를 건너는 지하철
		#5 한림대역에서 걸어나오는 여학생 자막〉 집에서 가까운 대학, 한림

HALLYM UNIVERSITY PR FILM - PROPOSAL

16

•에필로그 Epilogue

Part	VISUAL
Epilogue	바디(BODY) 영상의 하이라이트를 보여주며 + CARE&NEAR와 결합된 한림의 비전에 대한 내레이션
VIDEO	

HALLYM UNIVERSITY PR FILM - PROPOSAL

17

•20sec PR Film.

기존 대학의 설명적 20초 영상과 달리,

짧은 컷 구성과 시각적 이미지를 통해 신선함과 호기심을 유발한다.

이모티콘을 이용하여 간편하게 내용을 이해할 수 있게 한다.

평범한 일상에 특별한 변화를 주는 한림대학교

**Point: 반전.

컴퓨터 그래픽효과를 사용하여 시공간과 스토리의 변화를 확실하게 보여준다.

HALLYM UNIVERSITY PR FILM - PROPOSAL

18

•20sec PR Film.

✓ Tone & Manner

•Conti

VIDEO		➡	
VISUAL	#1-1 지하철을 타는 주인공 앞 도어에 무지개가 떠있다 F.S #1-2 무지개로 걸어들어가는 주인공		#2 교실안으로 걸어들어오는 주인공 뒤로 지하철 내부가 보인다. F.S 자막: Near your house
VIDEO		➡	
VISUAL	#3 환한 얼굴로 누군가와 이야기하는 주인공 O.S.S		#4 학생들과 교수님이 함께 대화하는 친근한 모습이 보인다. 자막: Emotion Care

•Conti

VIDEO

VISUAL

#5 주인공이 마주오던 학생과 인사한다.
M.S

#6 자유롭게 걷거나, 이야기하는 학생들
머리위에 각 나라 국기가 말풍선처럼
떠 있다. F.S
자막: Network Care

VIDEO

VISUAL

#7 수업을 하는 교수의 모습 M.S

#8 수업을 듣는 학생들의 머리위에
개인의 전공 아이콘이 떠있다.

•Conti

VIDEO

VISUAL

#9 수업이 끝나고 자리를 떠나는 학생들
주인공 앞에 무지개가 생기고
주인공이 들어간다 F.S

#10 주인공이 무지개를 통해 취업현장으로
바로 걸어나온다.
자막: Career Care

VIDEO

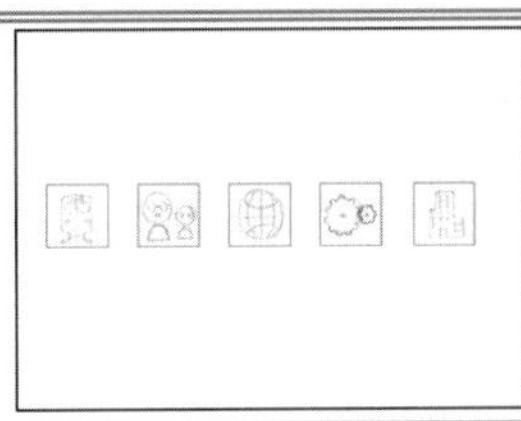

VISUAL

#11 5개의 아이콘이 뒤집히면서
한림대 로고와 명칭이 보인다

•Full HD 장비사용계획

CANON EOS 5D MARK2

따뜻한 색감을 통해 다채로운 색을 구현
깊은 심도 및 강한 컨트라스트
피사체를 더욱 더 부각 시킬수 있는 아웃 포커싱
야간촬영이나 빛이 부족한 상황에서의 노이즈 억제
5D MARK2를 이용하여 FILM LOOK 으로 촬영할 계획

CANON EOS 5D MARK2 사용 사례

HALLYM UNIVERSITY PR FILM - PROPOSAL

25

•Full HD 장비사용계획

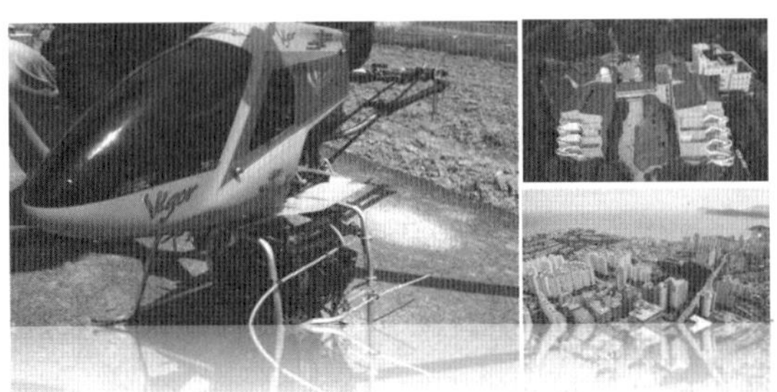

무인 항공 장치

항공촬영을 통해 춘천과 한림대 의 스카이뷰 앵글 확보

HALLYM UNIVERSITY PR FILM - PROPOSAL

26

•Full HD 장비사용계획

지미집(Jimmyjib)

크레인과 같은 구조 끝에 카메라가 설치되어 있으며
리모컨으로 촬영을 조정할 수 있는 무인 카메라이다.
생동감 있는 이미지 촬여이 가능하다.

달리(Dolly)

이동 화면을 촬영하기 위해 바퀴를 단 이동 촬영 장비
달리•아크•트랙 쇼트의 이미지를 촬영 할 수 있다.

•Full HD 장비사용계획

기타 특수 장비
(숄더리그,스테디캠)

핸드헬드로 피사체 팔로우샷 촬영 할 경우 불안정한 샷을 방지하기 위해
촬영자의 움직임의 영향을 받지 않고 안정된 촬영샷을 얻기 위해 사용되는 촬영장비이다.

• 일정 Schedule

5월 2일 ~ 5월 6일	아이디어 회의 및 기획작업
5월 7일 ~ 5월 13일	시나리오 및 촬영 구성안 완료
5월 14일 ~ 5월 18일	캐스팅 / 장소 섭외 완료
5월 19일 ~ 7월 25일	촬영
7월 26일 ~ 7월 31일	편집, 오디오 작업
8월 1일 ~ 8월 9일	2D작업, 편집
8월 11일	1차 가편본 confirm
8월 12일 ~ 8월 17일	1차 수정
8월 18일	1차 수정본 confirm
8월 19일 ~ 8월 20일	오디오 후반작업, 녹음
8월 22일	최종 시사

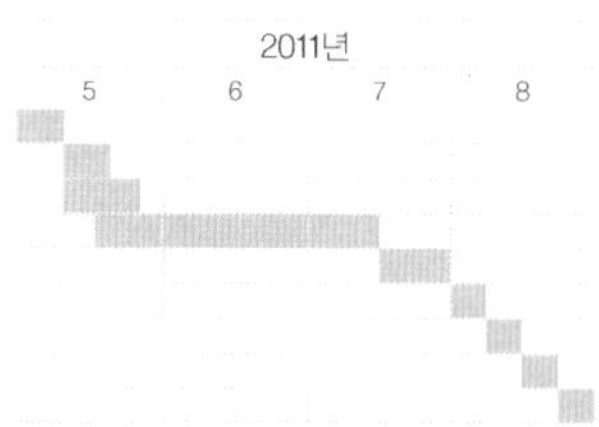

HALLYM UNIVERSITY PR FILM - PROPOSAL

29

감사합니다.

HALLYM UNIVERSITY PR FILM - PROPOSAL

30

참고문헌

김상준(2009). 프리미어 프로 CS3 CS4, 길벗.

강한승·서병로·김기홍(2010). 의료관광마케팅, 대왕사.

구재모(2005). HD영화제작의 이해, 여울미디어.

권중문(2006). 알기 쉬운 방송영상 입문, 커뮤니케이션북스.

노기영·김경희·임문영(2011). 헬스케어 콘텐츠 제작의 이해, 소화.

로이 톰슨 저·권창현 역(2004). 샷의 문법, 커뮤니케이션북스.

베니김(2004). 영화제작 양식 데이터북, MJ미디어.

신재기·유명희(2009). 의료관광 마케팅, 한울출판사.

오진곤·한성수·배원석·박상원·조성우(2008). 디지털영상 제작, 한국방송영상산업진흥원.

이영상(2004). 텔레비전 영상 제작론, 차송.

조계현(2005). PR실전론: PR의 실제, 커뮤니케이션북스.

조정열(2010). PR, 매스 커뮤니케이션의 이해, 커뮤니케이션북스.

최윤희(2008). 현대PR론, 나남.

톰 슈로이펠 저·이찬복 역(2004). 이것만 알면 찍는다(영화와 동영상), 커뮤니케이션북스.

한성수(2006). 프로페셔널이 되기 위한 HD 촬영, 한국방송영상산업진흥원.

한승철(2006). 홍보영상 제작론, 커뮤니케이션북스.

한인규(2009). HDTV방송영상 제작, 홍릉과학출판사.

함성원(2008). 프로들의 PT노트, 청년정신.

허버트 제틀 저·임영호 역(2003). 방송제작론, 청문각.

허인영·임석진·김학인(2010). 영상 제작입문, 나남.

HR Institute·Yoshiaki Noguchi 저·양영철 역(2005). 좋은 컨셉은 어떻게 만들어지는가, 거름.

Shin-Ichiro 저·홍진원 역(2003). 스토리보드와 영상 제작, 조형사.

지은이 소개

강명현

한림대학교 언론정보학부 교수.
고려대학교에서 신문방송학과 학사 및 석사, 미국 미시간 주립대에서 박사 학위를 취득하였다. 방송위원회 연구원, 한국방송학회 총무이사 및 연구이사, 춘천문화방송과 강원민방 시청자위원회 위원, 〈한국언론학보〉와 〈방송과 커뮤니케이션〉 편집위원으로 재직하였으며, 주요 연구분야는 방송정책, 방송편성, 수용자 효과 등이다.

이황석

한림대학교 언론정보학부 강의전임 교수.
고려대학교에서 고고미술사 학사, 베를린 국립 종합 예술대학에서 조형예술학 석사 학위를 취득하였으며, 연세대학교 커뮤니케이션대학원 영상예술학 박사과정에 있다. 춘천 MBC 미디어센터 대표, 춘천 MBC 시청자참여프로그램 운영위원장, 프로덕션 영상제작집단 사발통문 고문위원으로 재직하였으며, 〈기름진 사내들〉 〈천사를 찾아서〉 〈나는 중력의 법칙에 반대한다〉 〈홍수〉 등 다수의 실험영화와 실험다큐 기획 및 연출하였다.

의료관광 영상제작론

초판 발행 2012년 2월 3일

지은이 강명현 · 이황석
펴낸이 고화숙
펴낸곳 도서출판 소화
등록 제13-412호
주소 서울시 영등포구 영등포동 7가 94-97
전화 02-2677-5890
팩스 02-2636-6393
홈페이지 www.sowha.com

ISBN 978-89-8410-427-3 93320

값 15,000원